Sabine Hock

GRIMMS HESSEN
Ein literarischer Reiseführer
auf den Spuren der
Brüder Grimm

SOCIETÄTS**VERLAG**

Alle Rechte vorbehalten • Societäts-Verlag
©2007 Frankfurter Societäts-Druckerei GmbH
Layout und Umschlaggestaltung: Patrick Amor
Satz: Nicole Proba, Societäts-Verlag
Druck und Verarbeitung: Messedruck Leipzig GmbH
Printed in Germany 2007
ISBN 978-3-7973-0952-5

INHALT   SEITE

Die Brüder Grimm kennt jedes Kind. Ihre *Kinder- und Hausmärchen* gelten neben der Lutherbibel als das weltweit bekannteste und verbreitetste Buch deutscher Kulturgeschichte. Das Wirken von Jacob und Wilhelm Grimm reicht aber noch viel weiter. Durch ihre Studien zur ältesten deutschen Literatur begründeten sie die Germanistik. Als Sprachforscher begannen sie das Jahrhundertprojekt eines *Deutschen Wörterbuchs*. Mit ihren vielfältigen philologischen Arbeiten befruchteten sie fachübergreifend etwa die Volks- und die Mythenkunde, die Rechts- und die Geschichtswissenschaft sowie die Keltistik, Romanistik und Slawistik. Zugleich barg ihr wissenschaftliches Schaffen angesichts des zeitgenössischen Strebens nach Deutschlands Einheit in Freiheit immer eine politische Dimension, was letztlich zur Wahl von Jacob Grimm in die erste Deutsche Nationalversammlung in Frankfurt 1848 führte.

Jacob und Wilhelm Grimm wurzelten, lebten und arbeiteten in Hessen. Sie wurden 1785 bzw. 1786 in Hanau geboren, wuchsen in Steinau auf, besuchten die Schule in Kassel, studierten in Marburg und verbrachten ihre wichtigste Schaffenszeit wiederum in Kassel. Zahlreichen weiteren Orten im heutigen Bundesland Hessen waren sie verbunden. Zweimal in ihrem Leben sahen sie sich allerdings gezwungen, ihre hessische Heimat zu verlassen. Ihr Abschied nach Berlin, im Alter von 56 bzw. 55 Jahren 1841, sollte endgültig sein.

Die Spuren der Brüder Grimm im heutigen Hessen gilt es zu entdecken. Der vorliegende literarische Reiseführer lädt dazu ein, mit Jacob und Wilhelm Grimm durch Hessen zu reisen. Er zeichnet ihren Lebensweg in jeweils sieben biographischen Stationen und Abstechern sowie einem Ausflug zu den Märchenorten in Hessen nach. So wird das Leben und Schaffen der Brüder Grimm ganz konkret an den authentischen Orten, Städten, Plätzen, Häusern, Gebäuden anschaulich. An jeder Lebensstation sind, nach einer einleitenden Kurzvorstellung des Ortes und mit illustrierenden Bildern wie Zitaten, die einzelnen Grimmstätten ausführlich beschrieben, wobei zur Orientierung des Reisenden immer der heutige Zustand der Stätten berücksichtigt ist. Ergänzend gibt es innerhalb des Kapitels kleine Exkurse (mit orangefarbenen Überschriften), etwa zur Geschichte anderer, heute ver-

schwundener Grimmstätten, und am Schluss eine Infobox mit Adressen und Öffnungszeiten. Die einzelnen Kapitel und Abschnitte bauen zwar aufeinander auf, sind jedoch auch unabhängig voneinander und in beliebiger Reihenfolge verständlich. Bewusst werden keine touristischen Routen vorgegeben, damit jeder seinen eigenen Weg zu den Brüdern Grimm finden kann.

In eigener Sache: Es ist kein Kinderspiel, ein Buch über die Brüder Grimm zu schreiben. Den Kampf mit der Materialfülle und gegen die Legendenbildung nahm die Autorin auf. Auch den Mut zur Lücke und die *Andacht zum Unbedeutenden* im grimmigen Sinne brachte sie mit. Doch gegen die Windmühlenflügel, die von Grimmstätten und Grimmforschern in deren Wettstreit untereinander angetrieben werden, kam sie oft nicht an. Umso größerer Dank gilt allen, die sie auf der Suche nach den Brüdern Grimm in Hessen unterstützt haben. Dennoch blieben einige Fragen offen, einige Recherchen unabgeschlossen. Vielleicht wirkt ja das Erscheinen dieses Büchleins klärend. Dann könnte eine zweite Auflage folgen, ganz nach dem Vorbild der Brüder Grimm, die ihre Werke stets aufs Neue ergänzten und überarbeiteten.

Frankfurt am Main, den 24. Februar 2007

Sabine Hock

Liebe zum Vaterland war uns, ich weiß nicht wie, tief eingeprägt, denn gesprochen wurde eben auch nicht davon, aber es war bei den Aeltern nie etwas vor, aus dem eine andere Gesinnung hervorgeleuchtet hätte; wir hielten unsern Fürsten für den besten, den es geben könnte, unser Land für das gesegnetste unter allen; es fällt mir ein, daß mein vierter Bruder, der von uns hernach am frühsten und längsten im Ausland leben mußte, als Kind auf der hessischen Landkarte alle Städte größer und alle Flüsse dicker malte.

Jacob Grimm:
Selbstbiographie (1830)

NORDRHEIN-
WESTFALEN

Paderborn

NIEDER-
SACHSEN

Göttingen

Ruhr

Weser

Reinhards-
wald

Kassel

Großalmerode

Korbach

Schauenburg

Hoher Meißner

**Baunatal-Rengershausen
(Knallhütte)**

Eschwege

Rothaargebirge

Bad Wildungen

*Keller-
wald*

Nentershausen

Willingshausen

Knüll

Werra

Siegen

**Lahntal-
Goßfelden**

Marburg

Bad Hersfeld

**Bebra-Iba
(Friedrichshütte)**

Dillenburg

Stadt-
allendorf

Alsfeld

**Ottrau-
Weißenborn**

Westerwald

Herborn

HESSEN

THÜR.

Wetzlar

Gießen

*Vogels-
berg*

Fulda

Weilburg

Schotten

Rhön

Limburg

Bad Nauheim

Schlüchtern

**Frankfurt
am Main**

Bad Soden

Wiesbaden

Hanau

Steinau an der Straße

BAYERN

Taunus

Rüssels-
heim

Offen-
bach

**Freigericht
(Hof Trages)**

Spessart

estrich-Winkel

Mainz

Darmstadt

Würzburg

Main

**HEINLAND-
PFALZ**

Bensheim

Odenwald

Rhein

Ludwigs-
hafen

Mannheim

BADEN-
WÜRTTEMBERG

Heidelberg

Neckar

0   50 km

01 HANAU
GEBURT UND FRÜHE KINDHEIT (1785/86–1791)

Obgleich ich erst fünf Jahre alt war, als die Aeltern diese Stadt verliessen, sind mir doch noch Erinnerungen aus jener Zeit geblieben.

Wilhelm Grimm: Selbstbiographie (1830)

Das Nationaldenkmal der Brüder Jacob und Wilhelm Grimm

Hanau am Main, knapp 20 Kilometer östlich der alten Reichsstadt Frankfurt gelegen, war einst blühende Residenz der Grafschaft Hanau-Münzenberg, die seit 1736 dann zur Landgrafschaft Hessen-Kassel gehörte. Als Hochfürstlich Hessen-Hanauischer Stadt- und Landschreiber konnte es sich der Advokat Philipp Wilhelm Grimm bei bescheidener bürgerlicher Lebensführung leisten, eine Familie zu gründen. Am 23. Februar 1783 heiratete er in der Hochdeutschen Kirche zu Hanau die Kanzleiratstochter Dorothea Zimmer. Der erste Sohn aus dieser Ehe starb bereits im Alter von drei Mo-

naten. Bald bekam das Paar aber zwei weitere Söhne: Am 4. Januar 1785 wurde *Jacob* Ludwig Carl, am 24. Februar 1786 *Wilhelm* Carl Grimm in Hanau geboren. Die beiden wuchsen in der engen brüderlichen Verbundenheit auf, die ihr ganzes Leben und Wirken prägen sollte.

Die Stätten, wo die Brüder Grimm ihre frühe Kindheit verbrachten, bis die Familie 1791 nach Steinau zog, sind heute nicht mehr erhalten. Im Zweiten Weltkrieg, bei einem alliierten Luftangriff am 19. März 1945, wurde Hanau fast völlig zerstört. Geblieben ist das Nationaldenkmal der

Das Geburtshaus der Brüder Grimm am früheren Paradeplatz
Lithografie nach einer Aufnahme des Hoffotografen Thiele, nach 1870

Brüder Grimm auf dem Marktplatz. Es ist das Wahrzeichen der Stadt, die sich nach ihren berühmtesten Söhnen seit 2006 auch offiziell „Brüder-Grimm-Stadt" nennen darf.

DAS GEBURTSHAUS AM HEUTIGEN FREIHEITSPLATZ

An der Südseite des Paradeplatzes, am heutigen Freiheitsplatz 1, stand das Haus, in dem Jacob und Wilhelm Grimm 1785/86 geboren wurden.

Was den Brüdern Grimm an der Wiege gesungen wurde, haben sie selbst später aus der Erinnerung aufgeschrieben, eigentlich für den 1808 erschienenen Anhang „Kinderlieder" der Sammlung „Des Knaben Wunderhorn" ihrer Freunde Achim von Arnim und Clemens Brentano. So hat Wilhelm Grimm um 1807 das folgende Liedchen aus seiner Kinderzeit notiert, das auch in der Wortwahl (wie *Schawellchen* für Fußschemel!) deutlich auf das Idiom der Heimat verweist:

Maikäferlied
Maikäferchen Maikäferchen
fliege weg
dein Häuschen brennt,
dein Mütterchen flennt,
dein Vater sitzt auf dem Schawellchen
flieg hoch auf in dein Hölchen

In dem Haus am Paradeplatz wohnten die Eltern Grimm zur Miete bei einer Familie Rößler. An dem Bau, der später als Polizeigebäude und Landratsamt genutzt wurde, hing seit 1870 eine Gedenktafel mit einem Bronzerelief der Brüder, das der Bildhauer August von Nordheim geschaffen hatte. Bei dem schweren Luftangriff auf Hanau am 19. März 1945 wurde das Gebäude völlig zerstört.

Schräg gegenüber erinnert heute ein Gedenkstein an das Geburtshaus der Brüder Grimm. Anlässlich des Geburtstags von Ludwig Emil Grimm hat die Stadt Hanau am 14. März 2007 begonnen, ihre

Die Mutter Dorothea Grimm geb. Zimmer, Ölgemälde von Georg Carl Urlaub, [1788]

Grimmstätten, darunter auch den authentischen Standort des untergegangenen Hauses am heutigen Freiheitsplatz, zusätzlich durch illustrierte Hinweistafeln auszuzeichnen.

Hessische Wurzeln

Schon allein aufgrund ihrer familiären Herkunft waren die Brüder Grimm fest im hessischen Raum verwurzelt. Nach heutigen politisch-geographischen Begriffen entstammte der Vater Philipp Wilhelm Grimm (1751–1796) dem südhessischen Raum um Hanau, während die Mutter Dorothea Grimm geb. Zimmer (1755–1808) im nordhessischen Kassel geboren wurde.

Der Vater Philipp Wilhelm Grimm, Ölgemälde von Georg Carl Urlaub, [1788]

Die Linie der Namensträger Grimm lässt sich bis ins Jahr 1508 zurückverfolgen, als Peter Grim (Grym) von Friedberg Bürger in Frankfurt wurde. Um die Mitte des 16. Jahrhunderts wurden die Grimm in Bergen sesshaft, einem Flecken vor Frankfurts Toren im hanauischen Amt Bornheimer Berg, wo sie zumeist als Bäcker und Müller lebten. Der Gastwirt und Bierbrauer Johannes Grimm übersiedelte 1639 von Bergen nach Hanau und begründete damit den dortigen Zweig der Familie. Johannes Grimm konnte es sich erlauben, mindestens einen seiner drei Söhne auf das Paedagogium der Hohen Landesschule zu Hanau zu schicken. Seine Enkel besuchten bereits alle diese Lateinschule, wenn auch nur zwei von ihnen zum Studium kamen, darunter Friedrich Grimm, der Urgroßvater der Brüder Grimm, der seit 1688 in Hanau und Bremen Theologie studierte. Ihm glückte damit für sich und seine Familie endgültig der soziale Aufstieg in die bürgerliche Oberschicht.

EVANGELISCHE
MARIENKIRCHE

Die Evangelische Marienkirche in der Nähe des Altstädter Markts ist eine wichtige Station in der Ge-

GRIMMS STAMMBAUM

Friedrich Grimm —— Friedrich Grimm
1672–1748   1707–1777

                   ∞ 1734 ——————————— Philipp Wilhelm
                                       Grimm
                   Christiane Elisabeth   1751–1796
                   Heilmann
                   1715–1754   10 Geschwister,
                                       u. a. Juliane Charlotte
                                       Friederike Grimm
                                       1735–1796
                                       ∞ 1771
                                       Jacob Ludwig   ∞ 178
                                       Schlemmer
                                       († 1785)

Adam Henrich —— Johann Hermann
Zimmer   Zimmer
1680–1753   1709–1798

                ∞ 1740 ——————————— Dorothea Zimmer ——
                                    1755–1808
                Anna Elisabeth Boppo
                1718–1792   3 Schwestern,
                                    u. a. *Henriette*
                                    Philippine Zimmer
                                    1748–1815

Friedrich Hermann Georg Grimm
1783–1784

Jacob Ludwig Carl Grimm
1785–1863

Wilhelm Carl Grimm
1786–1859
oo 1825 —————————
Henriette *Dorothea* Wild
1795–1867

Carl Friedrich Grimm 1787–1852

Ferdinand Philipp Grimm 1788–1845

Ludwig Emil Grimm
1790–1863
oo I. 1832 —————————
Marie Böttner 1803–1842
oo II. 1845
Friederike Ernst 1806–1894

Hermann Friedrich Grimm 1791–1792

Charlotte Amalie gen. *Lotte* Grimm
1793–1833
oo1822 —————————
Hans Daniel *Ludwig* Hassenpflug
1794–1862

Georg *Eduard* Grimm 1794–1795

Jacob Grimm * † 1826

Herman Friedrich Grimm
1828–1901
oo 1859
Gisela von Arnim 1827–1889

Rudolf George Ludwig Grimm
1830–1889

Auguste Luise Pauline Marie
Grimm 1832–1919

Friederike Lotte Amalia Maria
gen. Ideke Grimm 1833–1914
oo 1855
Rudolf von Eschwege 1821–1875

Carl Hassenpflug 1824–1890

Agnes Hassenpflug 1825–1826

Friedrich Hassenpflug 1827–1892

Bertha Hassenpflug 1829–1830

Louis Hassenpflug 1831–1878

Dorothea Hassenpflug 1833–1898

versah er, zuletzt im Range eines Konsistorialrats, bis zu seinem Tod am 4. April 1748. Zu seinen geistlichen Schriften gehörte eine „Ev. Reformierte Kinderlehre, in Fragen und Antworten" (1707), wohl *der kleine Catechismus vom Urgroßvater*, an dem Jacob und Wilhelm später lesen übten.

In der Familie galt Friedrich Grimm als der bedeutendste der Vorfahren und Verwandten. Schon als Kleinkind schien Jacob dem Urgroßvater zu gleichen, und zwar – wie Wilhelm Grimm später notierte – nicht nur wegen der äußeren Ähnlichkeit, sondern auch in der *frühe(n) Aeusserung natürlicher Anlagen*. Tatsächlich sind bei einigen Kindern aus der Familie Grimm deutliche Anzeichen der Hochbegabung bezeugt. So wurde eben jener Urgroßvater Friedrich bereits mit 5 3/4 Jahren zum Paedagogium der Hohen Landesschule in Hanau gebracht, das er in zehn Jahren durchlief. Von Jacob erzählte die Mutter *gerne, er habe schon lesen können, bevor andere Kinder anfangen zu lernen, und eine ganze Gesellschaft so sehr in Verwunderung gesetzt, dass alle sich hätten überzeugen wollen, ob er wirklich aus einem Buche ablese* (Wilhelm Grimm: Selbstbiographie).

schichte der Familie Grimm. Hier wirkte Friedrich Grimm, der Urgroßvater von Jacob und Wilhelm, jahrzehntelang im geistlichen Amt. Im April 1698 wurde Friedrich Grimm als Dritter Pfarrer an die Marienkirche, die reformierte Hauptkirche der Stadt, berufen. Nach einem Intermezzo als Hofprediger des Grafen Karl August zu Ysenburg und Büdingen in Marienborn und Pfarrer in Eckartshausen kehrte er 1701 nach Hanau an die Marienkirche zurück, zunächst als Zweiter Pfarrer, seit 1706 als Erster Pfarrer und Inspektor der reformierten Kirchen der Grafschaft Hanau-Münzenberg. Dieses Amt

DAS WOHNHAUS IN DER HEUTIGEN LANGSTRASSE

Um 1787/88 zog die Familie Grimm in das Haus zur Grünen Linde in der Langgasse, heute Langstraße 41, neben dem Hintergebäude des Neustädter Rathauses. Nach zwei weiteren Söhnen, *Carl* Friedrich (* 24.4.1787) und *Ferdinand* Philipp (* 18.12.1788), kam hier der „Malerbruder" Ludwig Emil am 14. März 1790 zur Welt. Daran erinnert eine Gedenktafel an dem Neubau, der an der Stelle des kriegszerstörten Hauses errichtet wurde.

Ich weiß mir das Haus, wo die Eltern in der langen Gasse zu Hanau lebten, noch ziemlich vorzustellen, notierte Jacob Grimm rückblickend. *Es war hellroth angestrichen, neben links (wenn man inwendig aus dem Fenster guckte) lag ein anderes von dunkeler Steinfarbe, das zu dem auf der Gegenseite des Viertels liegenden Neustädter Rathhaus gehörte. (...) In unserm Haus wohnten wir (zur Miethe) ganz allein, unten war ein Besuchszimmer, gewöhnlich leer, mit Jägern auf der Tapete. (...) Wenn man die Treppe hinaufkam ging es links neben der Bodentreppe vorbei in die Wohnstube, wo die Mutter war. (...) Dem Vater seine Stube muß entweder rechts, oder hinter der Wohnstu-*be *gewesen seyn, ich glaube aber rechts und weiß nichts von ihrem Innern. Die Kinderstube war hinten auf den Hof, ich habe oft am Fenster gestanden und einen Apfelbaum gesehen, deßen Äste über die Hofmaur aus dem Nachbarsgarten ragten.* (Jacob Grimm: Besinnungen aus meinem Leben).

Von ihrem Elternhaus *machten* die beiden ältesten Grimmbuben *gemeinschaftlich* besonders *zwei Wege* durch die Stadt, wie sich Wilhelm Grimm erinnerte: zu den Großeltern Zimmer, die im *Dienaldschen Haus bei der lutherischen Kirche* am Altstädter Markt lebten, und zur *Tante Schlemmer*, die nur um die Ecke in der Fahrgasse (der heutigen Fahrstraße) wohnte. Zu der verwitweten Tante Juliane Charlotte Friederike Schlemmer geb. Grimm, der ältesten Schwester des Vaters, gingen die Kinder sogar täglich. Denn die *verständige, wohlmeinende, aber ernste Frau* (wie Wilhelm sie einmal charakterisierte) erteilte den Jungen ersten Unterricht.

Die Tante hatte mich sehr lieb und lehrte mich lesen und Religion. Ich saß oben auf dem Fenstertritt am Tisch und weiß noch wie das Abc angefangen wurde. (...) Die Tante hatte sich aus einer alten Vogte [d. i. einem

Fächer] einen elfenbeinenen Deuter gemacht, der nach der Lection zum Zeichen ins Buch gelegt wurde. Meistentheils aber nahm sie eine Stecknadel um feiner zu deuten zur Hülfe, woher es kam daß alle Buchstaben mehr oder weniger zuletzt zerstochen wurden. Einige Buchstaben lernte ich eher und leichter, wie m, andere schwerer, z. B. den Unterschied zwischen q und p (...). Das ganze Geschäft bin ich mir außerordentlich deutlich bewußt und kann mir denken, daß es erst vor einigen Wochen geschehen wäre und alles weitere wie ein Traum dazwischen läge.

Jacob Grimm: Besinnungen aus meinem Leben (1814)

DAS NATIONALDENKMAL DER BRÜDER GRIMM AUF DEM NEUSTÄDTER MARKT

Später, wohl kurz vor ihrem Wegzug nach Steinau 1791, gingen die Brüder Grimm zum Unterricht in eine öffentliche Schule und bei einem französischen Sprachlehrer. Der Weg dorthin führte sie *über den Neustädter Markt nach der französischen Kirche zu,* und Wilhelm erinnerte sich, wie sie *in kindischer Freude stehen blieben, um dem goldenen Hahn auf der Spitze des Thurmes zuzusehen, der sich im Winde hin und her drehte.*

Seit 1896 steht auf jenem Marktplatz, den einst die Buben *Hand in Hand* überquerten, das Nationaldenkmal der Brüder Grimm.

Eine Bürgerinitiative zum 100. Geburtstag

Erste Pläne für ein Grimmdenkmal in Hanau hatte es bereits 1853, also noch zu Lebzeiten der Brüder, gegeben. Angesichts der bevorstehenden „Säcularfeier" von Jacob Grimms Geburtstag wurde die Idee wieder aufgegriffen. Auf Anregung des Hanauer Gymnasiallehrers Dr. Georg Wolff, der auch als Archäologe und Limesforscher einen Namen hatte, gründete sich im Januar 1884 eine Bürgerinitiative für das Denkmal, die von Wilhelms Sohn Herman Grimm unterstützt wurde (was vor allem in der Konkurrenz mit anderen „Grimmstädten" um das Denkmal hilfreich war!). Ein „Komitee zur Errichtung eines Nationaldenkmals für die Brüder Jacob und Wilhelm Grimm in Hanau" und ein „Grimmverein" kümmerten sich künftig um die Organisation und die Finanzierung des Denkmalprojekts. Unverzüglich ergingen Spendenaufrufe auf lokaler wie nationaler Ebene. In seinem Trinkspruch beim Festbankett zum 100. Geburtstag von Jacob Grimm in Hanau am 4. Januar 1885 reimte der Gymnasialoberlehrer Dr. Suchier noch:

Die Enthüllung des Nationaldenkmals der Brüder Grimm
Historische Fotografie, 18.10.1896

„Ruf ergeht vom Comité:
Öffnet euer Portemonnaie;
Auch ein Wechsel oder Check
Eignet sich für unsren Zweck!"

Schon ein gutes Jahr später, zu Wilhelm Grimms 100. Geburtstag am 24. Februar 1886, war die Finanzierung des Denkmals gesichert, zumal das preußische Kultusministerium einen Zuschuss von 25.000 Mark zugesagt hatte.

Zum Standort für das Monument wurde bereits 1887 der Platz auf dem Markt vor dem Neustädter Rathaus bestimmt. Am 28. März 1888 schrieb das Komitee einen Wettbewerb für den Denkmalsentwurf aus, zu dem es elf namhafte Bildhauer einlud, darunter Carl Hassenpflug, einen Neffen der Brüder Grimm. Als eine Bedingung wurde den Künstlern mitgeteilt, dass das Denkmal die beiden Bronzefiguren der Brüder „in ihren Beziehungen zu einander enthalten" sollte. Im Januar 1889 waren die eingesandten Modelle in der Königlichen Zeichenakademie ausgestellt, und am 17. Januar 1889 entschied die Jury: Der erste Preis ging an Prof. Max Wiese aus Hanau, der zweite an Prof. Gustav Eberlein aus Berlin und der dritte an Prof. Syrius Eberle aus München. Bald entbrannte darob ein Denkmalsstreit, in dem sich bis heute

01 | HANAU
GEBURT UND FRÜHE KINDHEIT
(1785/86–1791)

jeder ein eigenes Urteil bilden kann: Denn im Historischen Museum im Schloss Philippsruhe sind die drei preisgekrönten Modelle direkt nebeneinander zu sehen.

Der Denkmalsstreit

Noch vor der Entscheidung des Preisgerichts diskutierten Presse und Publikum eifrig über die gezeigten Modelle. Bald regte sich Kritik an dem Siegerentwurf. Nachdem auch der Technische Ausschuss des Denkmalkomitees im März 1889 seine Bedenken gegen die Ausführung geäußert hatte, kam es zu Streitigkeiten mit dem Künstler. Schließlich wurde Herman Grimm zu Rate gezogen, der bei einem Besuch in Hanau am 4. Juni 1889 die Modelle begutachtete. Bei dem Siegerentwurf fand er die Darstellung der Brüder wenig realistisch: „Beide Gestalten machen mir (...) einen ganz fremden Eindruck." So sollte Jacob Grimm einen Professorentalar tragen, was er tatsächlich stets abgelehnt hatte. Den drittplatzierten Entwurf von Syrius Eberle dagegen hielt Herman Grimm für „eine (...) glückliche Lösung". Daraufhin beschloss das Komitee kurzerhand, dieses Modell ausführen zu lassen. Prompt zog das Ministerium entrüstet die staatliche Subvention zurück.

Nachdem am 4. Februar 1891 der Vertrag mit Syrius Eberle geschlossen worden war, geriet der in München arbeitende Bildhauer allerdings in Verzug. Erst im September 1894 präsentierte er sein Hilfsmodell in Originalgröße dem aus Hanau angereisten Gremium, das davon durchaus angetan war. Der Künstler selbst war jedoch nicht zufrieden und zerstörte das Modell. Nun musste er erst wieder ein Hilfs- und schließlich das Gussmodell schaffen, das im Juni 1896 endlich in Produktion gehen konnte. In aller Eile wurde das Denkmal in zwei Gießereien hergestellt: der Sockel und die sitzende Figur von Wilhelm Grimm in der Rupp'schen Erzgießerei, die stehende Figur von Jacob Grimm in der Gießerei von Miller, beide in München.

Am 18. Oktober 1896, dem Jahrestag der Völkerschlacht bei Leipzig und dem Geburtstag des seligen Kaisers Friedrich III., wurde das Nationaldenkmal der Brüder Grimm auf dem Marktplatz der Neustadt zu Hanau feierlich enthüllt.

Von der Märchenstraße ins Glückskönigreich

Heute beginnt an dem weltbekannten Denkmal die **Deutsche Märchenstraße**. Für das „Glückskönig-

20

reich" Kofuko, einen Freizeitpark in Obihiro auf der Insel Hokkaido in Japan, wurde das Denkmal um 1985 in seiner stolzen Originalgröße von 6,46 Meter (inklusive dem granitenen Sockel) reproduziert. Vielleicht wird jetzt auch japanischen Kindern die alte Geschichte erzählt, dass immer um Mitternacht der sitzende Wilhelm seinem stehenden Bruder Jacob den Sessel überlasse ...

SCHLOSS PHILIPPSRUHE

Direkt am Main bei Kesselstadt, über eine Allee vom weiter östlich gelegenen Hanauer Zentrum zu erreichen, ließ Graf Philipp Reinhard von Hanau-Lichtenberg ab 1701 ein barockes Landschloss nach französischem Vorbild erbauen: Schloss Philippsruhe. Es beherbergt seit 1964 das Historische Museum Hanau, in dessen prunkvoller Beletage im Obergeschoss eine eigene Abteilung den Brüdern Grimm gewidmet ist. Außer den drei Modellen für das Nationaldenkmal auf dem Hanauer Marktplatz sind hier Erinnerungsstücke von Jacob und Wilhelm Grimm sowie Zeichnungen und Radierungen von dem „Malerbruder" Ludwig Emil Grimm, darunter die Originalzeichnung des be-

Das Schloss Philippsruhe

rühmten Doppelporträts der Brüder von 1843, zu sehen.

Die Erinnerungsstücke, etwa der Hausrock und die Aktentasche von Jacob Grimm, waren ursprünglich sogar für ein eigenes „Grimm-Museum" in Hanau gesammelt worden, das eine 1896 gegründete „Grimm-Museums-Gesellschaft" einrichten wollte. Darüber kam es zum Streit mit Kassel, der erst nach dreijährigem Federkrieg mit einem Kompromiss endete: Kassel verzichtete auf ein Denkmal, Hanau auf ein Museum für die Brüder Grimm. Die Hanauer Museums-Gesell-

schaft löste sich auf und übergab ihre Sammlung dem Hanauer Geschichtsverein 1844 e. V., der die Stücke heute im (von Verein und Stadt getragenen) Historischen Museum ausstellt.

Der Brüder-Grimm-Preis der Stadt Hanau

Im Schloss Philippsruhe wurde 1983 zum ersten Mal der Brüder-Grimm-Preis der Stadt Hanau verliehen, den damals der in der DDR lebende Lyriker Wolfgang Hilbig erhielt. Seitdem wird der renommierte Literaturpreis, der seit 2005 mit 10.000 Euro dotiert ist, alle zwei Jahre vergeben. Zu den bekannten Preisträgern gehören Monika Maron (1991) und Harry Rowohlt (1997).

Im Schlosspark

Das Idyll von Schloss Philippsruhe war schon zu Grimms Zeiten ein beliebtes Ausflugsziel. In dem barocken Park, der erst im 19. Jahrhundert zu einem Landschaftsgarten umgestaltet wurde, haben sich die Eltern Philipp Wilhelm und Dorothea Grimm verlobt, und so kamen sie später mit ihren Kindern immer wieder gern her. Jacob wie Wihelm erinnerten sich an das *Spazieren im Bosquet*, dem „Lustwäldchen" der verspielten Gartenanlage, wobei Wilhelm einmal

Jacob Grimm (im Alter von 2 1/2 Jahren) „im Bosquet" Ölgemälde von Georg Carl Urlaub, August 1787

verlorenging: *Ich weiß noch ganz klar, wie ich in einem weißen Kleid mit rothem Band in dem Bousquet zu Philippsruhe mich verloren hatte, und wie ich die glatten, beschnittenen Baumwände (...) und den reinen Kies auf dem Wege ängstlich schnell aber scharf betrachtete, wie mir die Stille, in die ich horchte, und die grüne Dämmerung immer mehr Angst machte (...).* (Wilhelm Grimm).

Im Boskett des Schlossparks Philippsruhe ließen die Eltern Grimm auch ihre Söhne im Kleinkindalter von dem „rühmlich bekannten" Hanauer Maler Georg Carl Urlaub porträtieren.

Die Brüder-Grimm-Märchenfestspiele

Im hinteren Teil des romantischen Parks von Schloss Philippsruhe finden allsommerlich die Brüder-Grimm-Märchenfestspiele statt, die zum 200. Geburtstag von Jacob und Wilhelm Grimm begründet wurden. Mit dem „Rumpelstilzchen" feierten die Freilichtspiele am 29. Juni 1985 ihre erste Premiere. Jetzt gehen in dem (mittlerweile überdachten) Amphitheater, das Platz für 1.230 Zuschauer bietet, jährlich etwa von Mitte Mai bis Ende Juli nachmittags und abends dramatisierte Märchen

über die Bühne. Die Märchenfestspiele erfreuen sich wachsender Beliebtheit bei Groß und Klein: In der 22. Spielzeit, bei der Nachmittagsvorstellung „Die goldene Gans" am 1. Juli 2006, wurde der einmillionste Besucher begrüßt.

Tourist-Information
Am Markt 14–18
63450 Hanau
Tel. 0 61 81/29 59 50
www.hanau.de
Die Evangelische Marienkirche kann derzeit nur im Rahmen von Stadtführungen besichtigt werden, die die Tourist-Information anbietet.
Sonderführungen auf den Spuren der Brüder Grimm durch Hanau sind auf Vereinbarung möglich.

Schloss Philippsruhe
Historisches Museum Hanau
Philippsruher Allee 45
63454 Hanau
Tel. 0 61 81/29 55 64
oder 0 61 81/2 95 17 18
www.museen-hanau.de
Geöffnet: Di–So 11–18 Uhr

Weißenborn, heute Ottrau-Weißenborn am Knüllgebirge im Kurhessischen Bergland, ist eine eher unbekannte Grimmstätte. Doch aus dem einst zum Amt Oberaula gehörenden Dorf und seiner Umgebung stammen die Vorfahren mütterlicherseits der Brüder Grimm. Der älteste Träger des Namens Zimmer ist 1643 in Ottrau bezeugt. In Weißenborn wurde am 5. Januar 1680 Adam Henrich Zimmer geboren, der Urgroßvater der Brüder Grimm, der in der hessischen Garde du Corps diente. Aus seiner Ehe mit Margretha Franck, einer Schulmeisterstochter aus dem benachbarten Ort Immichenhain, ging Johann Hermann Zimmer hervor, der am 12. Februar 1709 in Weißenborn geboren wurde und in landgräflichen Diensten in Kassel bis zum Kanzleirat aufstieg. Dessen jüngste Tochter Dorothea Zimmer war die Mutter der Brüder Grimm.

Während die Familiengeschichte der Namenslinie Grimm längst gut

Das „Ahnhaus der Brüder Grimm", wo Urgroßvater und Großvater Zimmer geboren wurden
Federzeichnung von Ernst Krey, 1986

erforscht und – insbesondere in Hanau und Steinau – „verortet" war, wurden die Vorfahren der Mutter in der Literatur wenig beachtet. So hat Weißenborn die Wurzeln der Brüder Grimm in seiner Gemeinde erst im „Grimmgedenkjahr" 1985/86 wiederentdeckt.

DAS „AHNHAUS DER BRÜDER GRIMM"

In dem „Ahnhaus", einem mittlerweile veränderten Fachwerkbau in der Lindenstraße 5/Am Weidenbrunnen, wurden der Urgroßvater Adam Henrich Zimmer und der Großvater Johann Hermann Zimmer geboren. Daran erinnert eine Bronzetafel, die auf Initiative des Knüllgebirgsvereins 1986 angebracht wurde.

Wie Johann Hermann Zimmer aus dem Schwälmer Dorf nach Kassel kam, wo er Karriere machen sollte, wusste Jacob Grimm zu berichten: *Ein oheim des großvaters Zimmer war zu Cassel trompeter bei landgraf Carl, und brachte den großvater als zwölfjährigen jungen aus Weißenborn mit nach Cassel, weil der knabe gute anlagen hatte. dieser oheim ließ ihn in Cassel unterrichten.* Später ebnete Zimmer seinen Enkeln Jacob und Wilhelm Grimm einen ähnlichen Weg: Er ließ die Jungen durch seine in landgräflichen Diensten stehende Tochter Henriette von Steinau nach Kassel holen, um ihnen dort eine bessere Ausbildung zu ermöglichen.

(...) in dieser wiesenreichen, mit schönen Bergen umkränzten Gegend stehen die lebhaftesten Erinnerungen meiner Kindheit.

Jacob Grimm: Selbstbiographie (1830)

„Im Hindergrund Steinau"
Federzeichnung von Ludwig Emil Grimm, 1829

Steinau an der Straße, gelegen an der bedeutenden Handelsstraße zwischen den Messestädten Frankfurt und Leipzig, bildete seit dem späten Mittelalter das Zentrum der Obergrafschaft Hanau. Als Repräsentant des hanauischen Landesherrn wirkte in der kleinen Stadt im Kinzigtal ein Amtmann, dem die wesentlichen Verwaltungsaufgaben und die niedere Gerichtsbarkeit für die Ämter Steinau und Schlüchtern oblagen. Auf diesen achtbaren Posten befördert, zog Philipp Wilhelm Grimm im Januar 1791 mit Frau und Kindern von Hanau in seine Geburtsstadt Steinau. Die Familie wohnte künftig standesgemäß im Amtshaus, fast genau fünf glückliche Jahre lang, bis der Vater 1796 im Alter von 44 Jahren starb. Auch danach blieb die Witwe Dorothea Grimm mit ihren sechs Kindern zunächst in Steinau – obgleich nicht mehr im Amtshaus – beisammen. Im Herbst 1798 schickte sie dann die beiden ältesten Jungen, Jacob und Wilhelm, zur besseren Schulausbildung nach Kassel.

Zeit ihres Lebens sahen die Brüder Grimm ihre eigentliche Heimat in Steinau, wohin sie zu Besuchen auf späteren Reisen auch immer wieder zurückkehrten. *In meiner Heimat*, so bekannte der alternde Jacob Grimm im Gedenken an Steinau, *haften (...) meine lebhaftesten Triebe und Anregungen. Ich habe dort den frischesten und glücklichsten Teil meines Lebens zugebracht*. In Steinau finden sich noch die Plätze aus der Kindheit der Brüder Grimm. Bis heute hat das beschauliche Städtchen sein Gesicht bewahrt, weshalb es seit 2006 auch den offiziellen Ehrentitel einer „Brüder-Grimm-Stadt" trägt.

EVANGELISCHE KATHARINENKIRCHE

Lange bevor die Brüder Grimm mit ihren Eltern und Geschwistern nach Steinau kamen, war die Familie

Die Katharinenkirche

schon der Stadt verbunden. Der Urgroßvater Friedrich Grimm weilte in
Ausübung seines Amtes als Kirchen-
inspektor, dem alle reformierten
Kirchen in der Grafschaft Hanau
unterstanden, oft in Steinau. Sein
gleichnamiger Sohn Friedrich
Grimm wirkte hier 47 Jahre lang, von
1730 bis kurz vor seinem Tod am 20.
März 1777, als „treu eifriger Pfarrer
und Seelsorger" an der Katharinenkirche. Dessen Sohn Philipp Wilhelm Grimm wiederum scheinen
die Predigten des Vaters eher gelang-
weilt zu haben: Er schnitzte dabei
seine Initialen ins Gesangbuchbrett.
Das (später aus der alten Kirchen-
bank herausgeschnittene) Täfelchen
befindet sich heute im Besitz des
Bergwinkelmuseums in Schlüchtern.

Nichtsdestotrotz erzog Philipp Wilhelm Grimm auch seine Kinder ge-
treu der Familientradition streng im
reformierten Glauben, wie sein
Sohn Jacob rückblickend schilderte:
*Wir Geschwister wurden alle, ohne
daß viel davon die Rede war, aber
durch That und Beispiel streng refor-
mirt erzogen, Lutheraner, die in dem
kleinen Landstädtchen mitten unter
uns, obgleich in geringerer Zahl,
wohnten, pflegte ich wie fremde Menschen, mit denen ich nicht recht ver-
traut umgehen dürfte, anzusehen,*
*und von Katholiken, die aus dem eine
Stunde weit entlegenen Salmünster
oft durchreisten, gemeinlich aber
schon an ihrer bunteren Tracht zu erkennen waren, machte ich wohl mir
scheue, seltsame Begriffe.* (Jacob
Grimm: Selbstbiographie).

Am Palmsonntag, den 1. April 1798,
wurde Jacob Grimm in der Katharinenkirche konfirmiert. *Größere Andacht ist nie in mir entzündet gewesen, als wie ich an meinem Konfirma-
tionstage nach zuerst empfangenem
heil. Abendmahl auch meine Mutter
um den Altar der Kirche gehen sah, in
welcher einst mein Großvater auf der
Kanzel gestanden hatte,* erinnerte er
sich in seiner *Selbstbiographie* von
1830. Noch immer, über drei Jahr-
zehnte später, glaubte er, nur in
einem *ganz einfachen, nach reformir-
ter Weise eingerichteten* Gotteshaus
wirklich andächtig sein zu können,
weil ihm stets die Katharinenkirche
als Kirche seiner Kindheit vor Augen
stand.

Die Familiengrablege
In der Katharinenkirche befanden
sich einst neun Gräber der Familie
Grimm, u. a. der Großmutter Christiane geb. Heilmann und deren
sieben früh verstorbener Kinder.
Pfarrer Friedrich Grimm hatte seine
im Wochenbett gestorbene Frau in

der Gruft der Kirche zwischen Altar und Kanzel beisetzen lassen. So ist er mehr als zwanzig Jahre lang, wie Wilhelm Grimm einmal notierte, *jeden Sonntag über ihren Grabstein hingegangen.* (Wilhelm Grimm an Achim v. Arnim, 26.12.1826).

Der Großvater Friedrich Grimm selbst wurde 1777 auf dem neuen Friedhof vor der Stadt beerdigt, wo ihm seine drei lebenden Kinder einen stattlichen Grabstein setzen ließen. Dieser Stein wurde aus konservatorischen Gründen 1997 in die Katharinenkirche gebracht und ist dort, gleich links vom Hauptportal, zu besichtigen. Die Familiengräber in der Kirche aber sind infolge von Umbauten, zuletzt dem Einbau einer Fußbodenheizung im Jahr 1977, verschwunden. Auch auf dem Friedhof gibt es keines der früher fünf Grimmgräber mehr. Das dortige Grab des Vaters Philipp Wilhelm Grimm fand Jacob bereits bei einem Besuch 1846 *völlig niedergesunken.*

DAS PFARRHAUS

In dem Pfarrhaus unterhalb der Kirche, heute Brüder-Grimm-Stra-

Das Pfarrhaus

ße 45 an der Ecke zur Märzgasse, lebte Pfarrer Friedrich Grimm während seiner Amtszeit von 1730 bis zu seinem Tod 1777. Am 6. Oktober 1734 führte er die fast 19-jährige Hofgerichtsratstochter *Christiane* Elisabeth Heilmann aus Birstein hierher heim. Als zehntes Kind aus dieser Ehe wurde Philipp Wilhelm Grimm, der Vater der „Märchenbrüder", am 19. September 1751 im Pfarrhaus geboren. Nach dem Tod der Mutter, die knapp zweieinhalb Jahre später (1754) infolge der Geburt ihres elften Kindes starb, übernahm die älteste Tochter Juliane Charlotte Friederike die Fürsorge für die vier noch lebenden jüngeren Geschwister.

Pfarrer Grimm war ein einflussreicher Mann in Steinau. Wenn ihm ein Weg zu weit war, kürzte er ihn ab, ohne Rücksicht auf etwaige Hindernisse. So soll er sich einen eigenen Hinterausgang in die Katharinenkirche haben brechen lassen, um von seiner Wohnung zum Gottesdienst nicht immer um das Rathaus herum zum Hauptportal am Kumpen gehen zu müssen. Die Hintertür, direkt am Treppenabgang zum Pfarrhaus, ist jedenfalls noch zu besichtigen.

DAS AMTSHAUS

Das Amtshaus, heute Brüder-Grimm-Straße 80, etwas hinter der Straßenfront innerhalb einer großzügigen Hofanlage mit Nebengebäuden, Gärten und Brunnen gelegen, war bereits über 200 Jahre alt, als es der Amtmann Philipp Wilhelm Grimm 1791 zum Dienstsitz bekam. Der stattliche Spätrenaissancebau aus dem Jahr 1562 ruht auf einem steinernen Sockel, über dem sich auf 21 reich skulptierten Holzkonsolen das Obergeschoss mit prächtigem Schmuckfachwerk erhebt. Das satyrhafte Fabeltier auf der Konsole über der spitzbogigen Haustür sollte einst wohl die bösen Geister abwehren. Die Grimmbuben, so erinnerte sich Jacob, wischten der *Fratze* gern eins aus, indem sie winters mit Schneebällen danach zielten.

Über den runden Treppenturm auf der Hofseite war das Obergeschoss zu erreichen, wo einst Philipp Wilhelm Grimm seine Amtsgeschäfte erledigte. Im unteren Stock wohnte er mit seiner Familie, seiner Frau Dorothea, den fünf Söhnen und seiner ältesten Schwester, der *Tante Schlemmer*, die von Hanau mit nach Steinau gezogen war. Die genaue

Aufteilung des Hauses zu Grimms Zeiten kann, auch infolge von späteren Umgestaltungen im Inneren, nicht mehr nachempfunden werden. Lediglich das Zimmer der *Tante Schlemmer* mit den *2 steinerne[n] Sitze[n]* vor dem Fenster, das Jacob Grimm in den *Besinnungen aus meinem Leben* sehr detailliert beschrieben hat, ist noch zu bestimmen. Von dort aus ging die Tante mittags und abends zum Essen *hinauf in die Wohnstube.* Neben dem *dunkelgrün auf weiß gestreiften* Wohnzimmer lag die *hellgrüne und breitergestreifte Schlafcammer,* in der Eltern und Kinder, Jacob und Wilhelm *in einem Bett,* schliefen.

Neun am Tisch

Im Amtshaus wurden dem Ehepaar Grimm drei weitere Kinder geboren: zwei Söhne, Hermann Friedrich (* 15.6. [nach anderen Angaben: 15.7.] 1791), und Georg *Eduard* (* 26.7.1794), die jedoch beide im frühen Kleinkindalter starben, sowie die einzige Tochter Charlotte Amalie (* 10.3.1793), genannt Lotte oder auch Malchen, die von Vater und Brüdern beinahe abgöttisch geliebt wurde.

Am Familientisch waren nun also allerhand hungrige Mäuler zu stopfen. *Ich,* so schrieb Wilhelm später einmal, *weiß noch die Zeit genau, wie der Vater sprach: Die Kinder werden immer größer, wir müssen eine neue Schüssel machen lassen, wo mehr hineingeht; da ward hernach eine neue blinkende Zinnschüssel angeschafft, und ich freute mich, was dafür grüne Erbsen hineingehen würden, da waren unser neun am Tisch.* (Wilhelm Grimm an Achim v. Arnim, 1812). Nicht alle Gerichte aßen die Kinder aber so gern. Jacob hasste – nach eigener Auskunft – Zwiebeln und gelbe Rüben sowie *eine Mehlsuppe, die wir Kopfwehsuppe nannten, weil diese vorgeschützt wurden, um sich davon loszumachen.*

Nach dem Mittageßen zwischen dem Caffe ging der Vater gern im Hof und Hausgarten, schnitt Weintrauben zum Deßert ab oder untersuchte den Hühner- und Enten- und Taubenstall, fütterte die Enten im Trog mit Hafer, welche sich dabei mit den Hälsen untertauchten, besah die Pferde und ging durch den Schafstall zu den Kühen. Wie oft habe ich den Kühen Futter vorwerfen oder sie melken sehen. Auch hielten wir Schafe, die aber meist auf dem Feld waren und nicht heimkamen, die jungen Lämmerchen waren eine besondere Freu-

*de, und der Vater sah auf schwarze,
wegen der schwarzen Wolle zu nicht
schmutzenden Strümpfen, dergl. wir
viele Jahre trugen.*

Jacob Grimm: Besinnungen
aus meinem Leben (1814)

Frühes Leid

Kurz vor Weihnachten 1795 er-
krankte Philipp Wilhelm Grimm an
einer Lungenentzündung. Über die
Krankheit des Vaters berichtete
Jacob am 5. Januar 1796, einen Tag
nach seinem 11. Geburtstag, an den
Großvater Zimmer nach Hanau:
*Die lezte Christfeyertage werden
meiner Mutter, Fr. Tante und uns
beyden Ältesten nie vergessen, so
lange uns die Augen aufstehen. Unser
Hr. Doctor wollte die Krankheit nicht
allein über sich nehmen. Wir waren
also gezwungen, den 1ten Feyertag
Morgens unser Müller [d. i. den Kut-
scher] mit der Chaise nach Wächters-
bach zu schicken und den Hr. Hofrath
Wagner holen zu laßen, doch kurz vor
seiner Ankunft seegnete Gott die
Mittel von Unserm Hr. Doctor und
gabe einige Linderung. Zum Glücke
waren beyde Hr. Doctores in allem
übereinstimmend, das (...) dem
Kranken und uns vielen Trost gab.
Nun müßen Wir ferner auf die Güte
des Herrn hoffen, der überschweng-
lich thun kann.* Doch alle Hoffnung
war vergebens: In den frühen Mor-
genstunden des 10. Januar 1796
starb Philipp Wilhelm Grimm im
Alter von nur 44 Jahren.

Jacob erinnerte sich, dass er an
jenem Tag durch Stimmen aus dem
Nebenzimmer geweckt wurde und
im Hemd aufsprang, um zu sehen,
was es gebe. Durch die halb geöffne-
te Tür erblickte er den toten Vater –
und zwei Schreiner, die das Maß
zum Sarg nahmen. Der eine sagte
gerade: *„Der Mann, der da liegt, verdient einen Sarg von Silber."* Diese
Worte hätten ihn, so meinte Jacob
sich zu erinnern, *getröstet und be-
glückt*. Weinend stand der Junge
zwei Tage später am Fenster, als der
schwarze Sarg von den *Träger[n]
mit gelben Zitronen und Rosmarin in
der Hand* aus dem Amtshaus geleitet wurde. Dann schrieb Jacob mit
fester Hand den erlittenen Verlust
des Vaters in die Familienbibel ein.
Mit einem Schlag musste das Kind
erwachsen werden, die Stelle des Fa-
milienoberhaupts für Mutter und
fünf jüngere Geschwister überneh-
men.

DAS „BRÜDER GRIMM-
HAUS STEINAU"

Noch bis 1975 diente das alte Amtshaus weiterhin als Amtsgericht.
Nach dessen Verlegung in die Nach-

barstadt Schlüchtern nutzten Stadtverwaltung und Vereine das Gebäude, in dem 1981 auch ein kleines Heimatmuseum mit einer Grimmsammlung eingerichtet wurde. Als „Brüder Grimm-Haus Steinau", gegründet von der Stadt Steinau an der Straße und der Internationalen Brüder Grimm-Gesellschaft e. V., beherbergt es seit 1998 ein Museum zu Leben, Werk und Wirkung der Brüder Grimm.

Die Dauerausstellung, teilweise bestückt mit bedeutenden Leihgaben aus dem Brüder Grimm-Museum in Kassel, stellt im Erdgeschoss das Leben der Brüder Grimm dar, wobei ein besonderer Schwerpunkt auf deren Kindheit an Main und Kinzig gesetzt ist. Der Alltag der Familie wird etwa illustriert durch humorvolle Skizzen des „Malerbruders" Ludwig Emil Grimm, dem auch ein eigener Raum gewidmet ist.

Im Obergeschoss eröffnen sich „Märchenhafte Welten": Hier dreht sich alles um die *Kinder- und Hausmärchen*, das berühmteste Werk der Brüder Grimm, das in über 160 Sprachen aller Erdteile verbreitet ist. Die Ausstellung bettet die Märchen als „Dichtungen des Volkes" in den Kontext ihrer internationalen Überlieferungstradition ein. Alle wichtigen europäischen Sammlungen, von den neapolitanischen Märchen von Giambattista Basile über die französischen Feenmärchen von Charles Perrault bis zu den deutschen *Kinder- und Hausmärchen* der Brüder Grimm, werden in wertvollen Erstausgaben und bildlichen Darstellungen präsentiert. So können Kinder wie Erwachsene hier Rotkäppchen & Co. an authentischer Grimmstätte begegnen.

„MUSEUM STEINAU … DAS MUSEUM AN DER STRASSE"

Das Amtshaus gehört eigentlich zu dem größeren Baukomplex des Amtshofs. Außer dem repräsentativen Wohn- und Verwaltungsgebäude für den landgräflichen Amtmann umfasste die direkt an der Stadtmauer nahe beim Niedertor erbaute Hofanlage mehrere Nebengebäude, darunter die noch erhaltene Remise (südwestlich als Flügelbau am Amtshaus) sowie einige Scheunen und Stallungen (östlich gegenüber vom Amtshaus). Im Süden, zum Haupteingang an der Straße hin, und im Norden, mit freiem Blick auf die unterhalb gelegene Kinzigaue, erstreckten sich in

dem ummauerten Areal zwei Gärten. Der Amtshof hatte somit – wie Ludwig Emil Grimm einmal notierte – *alles (…), was zum Landbau gehört*, und ermöglichte der Amtmannsfamilie Grimm, ihre eigene Wirtschaft zur weitgehenden Selbstversorgung zu führen.

Heute ist nur noch eine der Amtshofscheunen erhalten, die, denkmalgerecht und doch raffiniert restauriert, im Sommer 2006 als „Museum Steinau … das Museum an der Straße" eröffnet wurde. Der außergewöhnliche Bau entwickelt sich um eine original erhaltene, vom Tennenboden bis in die oberste Dachspitze reichende Holzleiter. Auf dieser Leiter spielten schon die Grimmbuben, allen voran Ludwig Emil, der wildeste, der *bis oben (…) hinauf* kletterte und *auf den einzelnen Balken herum*ging, so dass die arme Mutter immer um sein Leben fürchtete.

Das Museum präsentiert sich als ein modernes Regionalmuseum, das Steinaus historische Bedeutung als Stadt an der Straße, also dem alten Handelsweg zwischen Frankfurt und Leipzig, eindrucksvoll darstellt. Dabei kommt es natürlich auch nicht um die Grimms herum, wobei – anders als im Amtshaus –

mehr die Familie und der „Maler-bruder" und weniger die „Mär-chenbrüder" berücksichtigt sind. Ein bedeutendes Exponat zur Familiengeschichte ist die Altarbi-bel des Pfarrers Friedrich Grimm, die bis ins 20. Jahrhundert in der Katharinenkirche benutzt und nun als Leihgabe von der Gemeinde dem Museum überlassen wurde.

DAS HUTTEN'SCHE HOSPITAL

Nach dem Tod ihres Mannes muss-te Dorothea Grimm mit ihren sechs Kindern das Amtshaus ver-lassen. Sie zog vorübergehend in das nahegelegene „Wagners Haus", das ehemalige Hutten'sche Armen-spital, am Steinweg, heute Brüder-Grimm-Straße 84. *Das Leben einer Witwe mit ihren Kindern hat etwas sehr Schönes und Zutrauliches*, schrieb Wilhelm Grimm einmal, und tatsächlich schlossen sich Mutter und Kinder nun fest zu-sammen, zumal auch die *Tante Schlemmer* nur ein knappes Jahr nach dem Vater, am 18. Dezember 1796, starb.

Gerade in jenem Jahr 1796 brachten auch die Revolutionszeiten wieder allerhand Unruhe bis nach Steinau.

Das Hutten'sche Hospital

Mit dem ausgehenden Ersten Koalitionskrieg kam es ständig zu Truppendurchmärschen. Von den Fenstern ihrer Wohnung am Steinweg wie später am Brückentor sahen die Grimmbuben zu, wie die marodierenden Soldaten auf der Straße vorbeizogen.

DIE ALTE KELLEREI UND DER BIENGARTEN

Bald konnte Dorothea Grimm ein halbes Haus kaufen, den Oberstock der Alten Kellerei am heutigen Brückentor 7 (früher 131), wozu – so Ludwig Emil Grimm – auch *Ställe und Scheune und ein Gärtchen und was zu einer kleinen Landwirtschaft gehört* zählten.

Außerdem besaß die Familie bereits vor dem Tod des Vaters einige Gärten um die Stadt, von denen sie jetzt noch den *Biengarten* behielt. Mit dem *Biengarten*, einem sehr großen Garten auf der Talsohle nördlich von der Stadt vor der herrschaftlichen Mauerwiese, verbanden die Geschwister Grimm später ihre schönsten Kindheitserinnerungen. Sommers ging die Mutter mit den Kleinen fast täglich nach Tisch in den geliebten Garten, und wenn die älteren Söhne nach *beendigter Schule nachkamen*, sahen sie schon *von weitem* den weißen Mantel der Mutter an einem Baum hängen (Wilhelm Grimm: Selbstbiographie).

Bevor Dorothea Grimm im Sommer 1805 zu ihren Söhnen nach Kassel zog, verkaufte sie ihren Anteil an der Alten Kellerei und den *Biengarten*. An der Stelle des Hauses am Brückentor steht inzwischen ein historisierender Neubau, an dem eine Gedenktafel an die Familie Grimm als frühere Bewohner des Anwesens erinnert. Der *Biengarten* aber lag etwa im Gelände des heutigen Sportplatzes und ist somit völlig verschwunden.

Nach Tisch gingen wir mit der Mutter in den Biengarten. (…) Es war eine rotangestrichene Türe und ein Fahrtor daran. In der Mitte war eine große, dichte lebendige Laube, in der Mitte ein steinerner Tisch, ringsum große Bänke. Vor der Hütte war wieder eine Bank, und die Äste bildeten wieder eine Laube darüber. Vor der Hütte hatte die liebe Mutter gewöhnlich ihren Sitz. Da konnte sie den Garten und uns Kinder übersehn. Dieser liebe Biengarten war meist der Tummelplatz unserer Kindheit, und ich sehe noch in Gedanken das liebe kleine Lottchen in weißem Kleid und rosenrotem breiten Band im großen Gras herumgehn und Blumen abpflücken. (…)

Die gute Mutter war meist traurig, sie saß auch oft stundenlang auf der Bank und strickte oder hatte ein Buch, worin sie las. So gegen Abend machte sie einen Spaziergang durch den Garten, wobei wir sie alle begleiteten, und da hatte sie besondere Freude an dem großen schönen, blau blühenden Flachsland, und sie sprach so sanft und erzählte uns allerlei und hatte die Lotte an der Hand.

Ludwig Emil Grimm:
Erinnerungen aus meinem Leben

Zu wenig zu lernen

Die älteren Grimmsöhne wurden zunächst zu Hause unterrichtet. Der *Schulmeister in dem himmelblauen Rock mit schwarzer Hose und Weste*, der Stadtpräzeptor Johann Georg Zinckhan (1739–1814), kam *Morgens von 10 bis 12, oder nur 11 bis 12*, und *Mittags von 2 bis 3* ins Amtshaus, wo er den Jungen in der Wohnstube ihre Stunden gab. So schilderte es Jacob Grimm, der sich noch an Unterricht in Schreiben, Latein, Religion und später auch Geographie erinnerte. Der Präzeptor, urteilte Jacob rückblickend, war *pedantisch, streng und unmethodisch, aber sehr ordentlich und von beschränkten Kenntnißen*. Von ihm *war wenig zu lernen, außer Fleiß und strenge Aufmerksamkeit*.

Nach dem Tod des Vaters gingen die Grimmjungen wahrscheinlich in die Schule hinter dem Rathaus, ebenfalls bei Zinckhan, der dort für seine brutalen Unterrichtsmethoden berüchtigt war: *Noch gehen in Steinau einige herum, die durch seine Prügel ein Auge verloren haben!*, notierte Ludwig Emil Grimm später. Dabei genossen die Grimmbrüder sogar noch eine privilegierte Stellung gegenüber den einfachen *Bürgerjungens*, die getrennt von den Kindern der gebildeten oder wohlhabenderen Oberschicht unterrichtet wurden. Zinckhans Wirkungsstätte, das alte Schulhaus, wurde bereits 1836 durch einen Neubau ersetzt, den heute die Stadtverwaltung als Bürgeramt nutzt.

Bald zeigte sich, dass Jacob und Wilhelm *in Steinau nichts mehr lernen* konnten. Besonders Jacob soll darüber sehr verzweifelt gewesen sein und sogar geweint haben. Rat und Hilfe wusste der Großvater Johann Hermann Zimmer (1709–1798), der nach dem Tod des Vaters als Vormund für die Kinder eingesprungen war. Von Hanau aus, wo der weit über 80-jährige Kanzleirat seinen Ruhestand verlebte, kümmerte er sich rührend um die Erziehung der Enkel. Durch einen regen Briefwechsel mit Jacob verfolgte er interessiert die schulische Ausbildung der beiden Ältesten, gab die Initiative zum Unterricht in der „Rechenkunst" und erkundigte sich angelegentlich: „Und nun, lieber Jacob, wie stehts mit der Latinität?" (Johann Hermann Zimmer an Jacob Grimm, 15.10.1796).

Abschied von Steinau

Mit seinen Bemühungen beabsichtigte der Großvater Zimmer, die beiden Jungen auf den Wechsel in eine bessere Schule vorzubereiten. Er wusste zwar, dass seine verwitwete Tochter Dorothea ihren Kindern kaum allein den höheren Schulbesuch finanzieren konnte. Doch seine ältere Tochter Henriette, Erste Kammerfrau am landgräflichen Hof in Kassel, lebte dort in gesicherten Verhältnissen. Wenige Monate vor seinem Tod konnte Zimmer noch vermitteln, dass Henriette ihre beiden Neffen zur weiteren Schulausbildung nach Kassel holte. Ende September 1798 verließen Jacob und Wilhelm, damals 13 und 12 Jahre alt, Mutter und Geschwister in Steinau, um in Kassel das Gymnasium zu besuchen.

Wie wir zum ersten Male weggingen nach Kassel, ist mir am lebhaftesten der Augenblick, wo wir aus der Stadt fuhren. Wir saßen in der Kronenwirthskutsche, ich vorwärts und sah in der Ferne unsern Biengarten mit den weißen Steinpfosten und dem rothen Gitterthor, und ein großer Nebel lag darauf, ich dachte an all die Zeit, die ich darin zugebracht, sie war mir aber als ganz fern und als liege ein großer Graben dazwischen und ich sey ganz abgeschnitten davon und fange nun etwas neues an.

Wilhelm Grimm

DIE BRÜDER-GRIMM-GEDENKSTÄTTE IM SCHLOSS

Wenn die Brüder Grimm später immer wieder einmal nach Steinau reisten, grüßte sie schon von Ferne der *wohlbekannte, viereckige Schlossthurm*. Der 41 Meter hohe Bergfried gehört zu dem prächtigen Renaissanceschloss, das sich die Grafen von Hanau-Münzenberg im 16. Jahrhundert in ihrer Nebenresidenz Steinau errichten ließen. Im Nördlichen Torhaus des Schlosses befindet sich eine Brüder-Grimm-Gedenkstätte, die die „Verwaltung der Staatlichen Schlösser und Gärten Hessen" zum 100. Todestag von Jacob Grimm 1963 eingerichtet hat – zu einer Zeit, als das Amtshaus noch behördlich genutzt wurde und deshalb nicht für museale Zwecke zur Verfügung stand.

Schon an der Tür im Durchgang zum Schlosshof weist eine bronzene Brüder-Grimm-Plakette auf die Gedenkstätte hin. In der 1985 bedeutend erweiterten Ausstellung sind zahlreiche Erinnerungsstücke aus der Sammlung Plock zu sehen, die einst aus dem Familiennachlass Grimm an das Hessische Staatsarchiv in Marburg gelangt waren: von der Hausbibel übers Tintenfass bis zum Kragenknopf. Der Teil dieser Sammlung, der hier nicht präsentiert werden kann, wird im Depot der Verwaltung der Staatlichen Schlösser und Gärten in Bad Homburg v. d. H. aufbewahrt.

Gezeigt werden im Steinauer Schloss aber die Originale der teilweise hervorragenden Familienbildnisse, darunter die Porträts von Urgroßvater Friedrich Grimm, den Großeltern Grimm und Zimmer, den Eltern Philipp Wilhelm und Dorothea Grimm sowie den Tanten Juliane Schlemmer und Henriette Zimmer. Einst blickten die Vorfahren und Verwandten von ihren Ölporträts direkt auf den Schreibtisch von Jacob Grimm herab: In seinem Berliner Arbeitszimmer standen die größeren Bildnisse oben auf dem Bücherregal, während die kleineren *jene Stellen, wo die Wände von Büchern frei blieben*, schmückten.

AM KUMPEN

Der nördliche Durchgang vom Schlosshof über den Hirschgraben zur Stadt führt direkt auf den Kumpen, den zentralen Marktplatz mit der Katharinenkirche und dem Rathaus auf der einen, dem Marstall und dem Burgmannenhaus auf der anderen Seite. Im Saal des 1561 erbauten **Rathauses** wurde 1975 die „Arbeitsgemeinschaft Deutsche Märchenstraße" gegründet, die seitdem die „fabelhafte" Reiseroute von Hanau nach Bremen touristisch erschlossen hat.

Märchenfiguren aus Bronze, Stein ...

Vor dem Rathaus, wo einst wohl auch die Grimmbuben spielten, wurde im „Grimmjahr" 1985 ein **Märchenbrunnen** errichtet, den der Würzburger Künstler Wolfgang Finger-Rokitnitz geschaffen hat. An dem runden Becken aus rotem Sandstein sitzen die Bronzefiguren der Prinzessin und des Froschkönigs, während auf dem Rand der wasserspeiende Drache aus *Die zwei Brüder* und der Krebs aus *Der Meisterdieb* lauern. Auf den weißen Kalksteinreliefs der runden, aus der Beckenmitte aufragenden Brunnensäule finden sich Figuren aus den Märchen

Der Märchenbrunnen am Kumpen

Von dem Fischer un syner Fru, *Gevatter Tod* und *Die Goldkinder* (auf der ersten Trommel), *Hänsel und Gretel*, *Rumpelstilzchen* und *Rotkäppchen* (auf der zweiten Trommel), *Frau Holle*, *Sterntaler*, *Aschenputtel* und *Rapunzel* (auf der dritten Trommel). Den Abschluss der vier Meter hohen Säule bildet ein kapitellartig ausgearbeiteter Burgfelsen aus Sandstein, von dem sich der Vogel Greif in die Lüfte erhebt. Gekrönt wird der Felsen von dem Dornröschenschloss.

... und aus Holz

Direkt gegenüber vom Märchenbrunnen, im Marstall des Landgrafenschlosses, ist seit 1955 das **Steinauer Marionettentheater „Die Holzköppe"** beheimatet. Die Bühne, gegründet 1924 als Wandertheater von Karl Magersuppe, fühlt sich längst ihrem festen Stammsitz Steinau verpflichtet und hat zahlreiche Märchenspiele nach den Brüdern Grimm im Repertoire – für kleine und große Kinder ab vier Jahren. Nur für Erwachsene wird seit 1995 erfolgreich „Das gestiefelte

Rumpelkäppchen" gespielt. Das Puppentheater wird heute in dritter Generation von der Familie Magersuppe geleitet. Aus dem Fundus und der Sammlung des zweiten Prinzipals Karl Erich Magersuppe sind außerdem viele märchenhafte Marionetten in einer Ausstellung im Schloss zu bewundern.

Verkehrsbüro der Stadt Steinau
Brüder-Grimm-Straße 70
36396 Steinau an der Straße
Tel. 0 66 63/96 31-0
www.steinau.de
Märchenstadtführungen und Führungen durch das Brüder Grimm-Haus werden regelmäßig (am ersten Sonntag im Monat) angeboten und können auch besonders gebucht werden.

Brüder Grimm-Haus und Museum Steinau
Brüder-Grimm-Straße 80
36396 Steinau an der Straße
Tel. 0 66 63/76 05
Geöffnet: täglich 11–17 Uhr

Museum Schloss Steinau mit Brüder-Grimm-Gedenkstätte
36396 Steinau an der Straße
Tel. 0 66 63/68 43
www.schloesser-hessen.de
Geöffnet: Di–Do, Sa, So sowie an gesetzlichen Feiertagen, von März bis Oktober: 10–17 Uhr, von November bis Mitte Dezember: 10–16 Uhr

Steinauer Marionettentheater „Die Holzköppe"
Theater: Am Kumpen 2–4
Büro: Brüder-Grimm-Straße 43
36396 Steinau an der Straße
Tel. 0 66 63/2 45
www.die-holzkoeppe.de

Schlüchtern, die „Bergwinkelstadt" in nordöstlicher Nachbarschaft zu Steinau, gehörte einst zum Zuständigkeitsbereich von Philipp Wilhelm Grimm. Als landgräflicher Amtmann war er für die Ämter Steinau und Schlüchtern mit diesen beiden Städten sowie elf Dörfern und fünf Klosterhöfen verantwortlich. *Wenn er nach Schlüchtern zum Amt ritt (...), so* erinnerte sich der Sohn Ludwig Emil Grimm, *hatte er als seine Uniform an, blauen Frack, zwei goldene Epauletten, rotsamtnen Kragen usw., lederne Beinkleider und Stiefel mit silbernen Sporen. Er nahm fast jedesmal eins von uns Kindern vorn aufs Pferd, und der Kutscher Müller eins, der ihn jedesmal begleitete, und ließ uns eine Strecke mitreiten.* (Ludwig Emil Grimm: Erinnerungen aus meinem Leben).

Zudem hatte die Familie Grimm verwandtschaftliche und andere persönliche Beziehungen nach Schlüchtern. So kann die Stadt eine authentische Grimmstätte, das Lauter'sche Schlösschen, bieten. Das darin beheimatete Bergwinkelmuseum besitzt zudem eine beachtliche Grimmsammlung.

DAS LAUTER'SCHE SCHLÖSSCHEN

Das Lauter'sche Schlösschen in der heutigen Schlossstraße (neben der neuen Stadthalle) bewohnte im ausgehenden 18. Jahrhundert der herrschaftliche Forstaufseher Johann Elias Stickel. Dessen Sohn, der Salzverwalter und Ratsverwandte Wilhelm Stickel, erwarb das Anwesen nach dem Erlöschen der adeligen Besitzerfamilie 1798. Die Familien Stickel und Grimm waren befreundet, und so erinnerte sich Ludwig Emil Grimm an manch *glückliche(n) Tag* auf Besuch mit Mutter und Geschwistern im Schlösschen.

Das im 15. Jahrhundert errichtete Gebäude, das zu Grimms Kinderzeiten noch von einem Wassergraben umgeben und nur über eine Zugbrücke erreichbar war, lag inmitten einer romantischen Gartenanlage. *Vor der Türe,* so Ludwig Emil Grimm, gab es *Lauben und ein Gärtchen mit Rosenstöcken und voller schöner Blumen* sowie einen *großen Obstgarten (...), woran die Kinzig* floss. Dort durften die Kinder nach Herzenslust spielen. Bei einem späteren Besuch in Schlüchtern 1815 musste Ludwig

![Das Lauter'sche Schlösschen]

Das Lauter'sche Schlösschen

Emil Grimm jedoch enttäuscht feststellen: *Der mit Wasser angefüllte Wallgraben war zugeworfen, und nun stand das Haus ganz langweilig da, alles Romantische war weg!*

Die historische Hainbuchenlaube im Schlösschenpark

Heute umrahmt das Lauter'sche Schlösschen nur eine kleine Grünanlage. Doch eine der *Lauben*, die Ludwig Emil Grimm erwähnte, gibt es noch immer. Über diese einst idyllisch am Rand des Stadtgrabens gelegene *Hütte von Hainbuchen, so dick und alt, wie ich nie welche gesehen habe*, schrieb Wilhelms Frau Dorothea von ihrer Kinzigreise 1841 begeistert an den Schwager Jacob. Die Bäume wur-

Die Hainbuchenlaube im Schlösschenpark

den allerdings 1974 gefällt und inzwischen neu angepflanzt. Auf Initiative des Schlüchterner Bürgers Gustav Hildebrand wurde die ringförmige Laube mit rundem Steintisch und originalgetreuer Steinbank als besonderes Schmuckstück für den „Schlösschenpark" 2005 wiederhergerichtet.

Die Grimmsammlung im Bergwinkelmuseum

Die Stadt Schlüchtern hat das Lauter'sche Schlösschen von den Stickel'schen Nachfahren 1902 erworben. Seit 1971 beherbergt es das Bergwinkelmuseum, das stadtgeschichtliche Museum, das über eine bemerkenswerte Grimmsammlung verfügt. Zu den Erinnerungsstücken, die auf Vermittlung des Schlüchterner Grimmforschers Wilhelm Praesent aus dem Besitz von Wilhelms Tochter Auguste Grimm in die „Bergwinkelstadt" kamen, zählen etwa Jacobs goldene Taschenuhr, Wilhelms Ehering und Lottes Kinderzeichnungen. Auch gehört dem Museum die Kreidevorzeichnung zu dem berühmten Doppelporträt der alternden Brüder Grimm von Elisabeth Jerichau-Baumann (1855).

Nach einer umfassenden Neugestaltung der Ausstellungsräume präsentiert das im Mai 2007 wieder eröffnete Bergwinkelmuseum die Stücke aus seiner Grimmsammlung im restaurierten Glanz. Dabei ist auch ein besonderer Schwerpunkt auf das Schaffen des „Malerbruders" Ludwig Emil Grimm gesetzt.

Tourist-Information
Rathaus
Krämerstraße 2
36381 Schlüchtern
Tel. 0 66 61/85-3 61
www.schluechtern.de

**Bergwinkelmuseum –
Museum der Stadt Schlüchtern**
Schlossstraße 15
36381 Schlüchtern
Tel. 0 66 61/85-7 50
Geöffnet von April bis Oktober:
Di–Do, Sa, So 14–18 Uhr;
Fr 18–21 Uhr;
von November bis März:
Fr 15–19 Uhr; Sa, So 14–19 Uhr;
sowie nach Vereinbarung

03 KASSEL I
SCHULZEIT
(1798–1802/03)

Ueberdenke ich meine Kasseler Schuljahre (...), so erkenne ich zwar dankbar, wie mancherlei ich in dieser Zeit gelernt habe, aber es kommt mir doch vor, als wenn das damalige Lyzeum bei weitem nicht unter die vollkommensten Anstalten seiner Art gerechnet werden durfte.

Jacob Grimm: Selbstbiographie (1830)

Das Gebäude des Lyceums Fridericianum in der Oberen Königsstraße 47
Historisches Foto von Emil Friedrich Rothe, um 1900

Kassel, in einem Talbecken der Fulda am Fuß des Habichtswalds gelegen, strahlte bereits seit 1277 im Glanz der Residenz. Nach einer kulturellen Blütezeit unter Landgraf Friedrich II. erlebte die Hauptstadt von Hessen-Kassel jedoch um die Wende zum 19. Jahrhundert eine Phase des geistigen Stillstands. Der jetzige Landesherr Wilhelm IX., der spätere Kurfürst Wilhelm I., hatte sämtliche kulturellen Bestrebungen eingedämmt, um seinen Haushalt zu konsolidieren. Zugleich investierte er allerdings enorme Summen in seine architektonische Selbstdarstellung: Schloss Wilhelmshöhe war gerade vollendet, und die Löwenburg stand im Bau, als Jacob und Wilhelm Grimm 1798 zum ersten Mal nach Kassel kamen. Die Tante Henriette Zimmer, die als Erste Kammerfrau der Landgräfin Karoline bei Hofe lebte, hatte die Verbindung geknüpft in die Stadt, die den Brüdern Grimm später zur wichtigen Stätte ihres Wirkens werden sollte. Zunächst aber besuchten die beiden Jungen hier das Gymnasium, bis sie im Alter von 17 Jahren 1802 bzw. 1803 auf die Universität in Marburg wechseln konnten.

Das alte Kassel wurde bei einem Luftangriff am 22. Oktober 1943 zerstört. So sind sämtliche Stätten aus der Schulzeit der Brüder Grimm heute verschwunden.

Kost und Logis im Hause eines Hofkochs

Am 29. September 1798 kamen Jacob und Wilhelm Grimm in Kassel an. Da die *Tante Zimmer* bei Hofe lebte und keinen eigenen Haushalt führte, gab sie die beiden Jungen bei dem Dritten Landgräflichen Mundkoch Abraham Vollbrecht (auch: Volprecht) in Pension. In dessen Wohnhaus Im Sack 4/Ecke Steinweg bezogen die Brüder *ein schön Zimmer in den Hof*, wie Wilhelm gleich der Mutter berichtete (Wilhelm Grimm an Dorothea Grimm, 30.9.1798).

Von dem ersten Wohnsitz der Brüder Grimm in Kassel ist im heutigen Stadtbild keine Spur mehr zu finden. Das in der Altstadt gelegene Haus, für das vorübergehend (bis 1867) die amtliche Straßenbezeichnung Elisabether Str. 210/Ecke Ambrosiusstraße galt, wurde im Zweiten Weltkrieg zerstört. Im Zuge des Wiederaufbaus wurden ein neues Wohnhaus an seiner Stelle (heute Steinweg 5) errichtet und zugleich die frühere Gasse Im Sack als Straßenzug beseitigt.

Nicht genug kan [ich] Euch wiederhohlen, daß Ihr den Endzweck bedenket, weshalb Ihr an jetziger Stelle seyd, das heist, allen Fleiß in und außer den Lehrstunden anwendet, damit Ihr Euer künftiges Wohl begründen, Ehre davon haben, der Mutter, mir und der gantzen Familie Freude verschaffen möget.
Meydet deswegen verführerische Gesellschaft, suchet den Umgang mit verständigen Männern, von welchen Ihr immer etwas profitiren könt, und für allen Dingen fü[r]chtet Gott, als welches aller Weisheit Anfang ist.
Johann Hermann Zimmer an Jacob und Wilhelm Grimm, 6.10.1798

DAS LYCEUM FRIDERICIANUM

Die Brüder Grimm sollten künftig das Lyceum Fridericianum in der Oberneustadt besuchen. Das aus der städtischen Lateinschule hervorgegangene Gymnasium war 1779 in einem Gebäude in der Oberen Königsstraße 47 neu eröffnet worden. Die Schulleitung lag in den Händen von Carl Ludwig Richter, den Jacob Grimm rückblickend als einen *gründliche[n] Philolog[en]* lobt, *der durch seinen herzlichen Unterricht alle Schüler zu gewinnen* wusste. Nach Richters Tod im Mai

1802 übernahm Nathanael Caesar das Amt des Rektors. Von Caesar, der schon zuvor am Lyceum unterrichtet hatte, fühlte sich Jacob zurückgesetzt und verletzt. Denn der Lehrer redete ihn, den „Neuen vom Lande", mit „Er", die Schüler aus der Stadt aber mit „Sie" an: *Solche Ungleichheit (...) sollte sich ein Lehrer nie erlauben, weil sie von allen Schülern lebhaft wahrgenommen wird.* (Jacob Grimm: Selbstbiographie).

Bey Herrn Profeßor Richter mussten Jacob und Wilhelm Grimm wenige Tage nach ihrer Ankunft in Kassel eine Aufnahmeprüfung ablegen. Sie wurden beide in niedrigere Klassen eingestuft, als es ihrem Alter gemäß gewesen wäre, wie Jacob Grimm sich erinnerte: *Ich konnte erst in Unterquarta gesetzt werden, so sehr war ich noch zurück, aber nicht durch meine Schuld, sondern durch bloßen Mangel an Unterricht, denn ich hatte von Jugend auf eine ungeduldige, anhaltende Lernbegierde.* (Jacob Grimm: Selbstbiographie). Mit Beginn des Unterrichts etwa ab Mitte Oktober 1798 kam dann ein gewaltiges Arbeitspensum auf die Jungen zu: täglich sechs Schulstunden auf dem Lyceum und mindestens vier oder

fünf Privatlehrstunden bei dem Pagenhofmeister Dietmar Stöhr, der *im Latein nach[half]* und *besonders französische Sprache [lehrte].*

Im Ganzen hatte man uns doch zu viel aufgelastet; ein paar Freistunden hätten uns wohl gethan, wir hatten aber mit wenigen Leuten Umgang und verwendeten beinahe alle Muße, die uns noch von der Schularbeit übrig blieb, auf Zeichnen, worin wir es auch ohne Lehrer ziemlich weit brachten, ja diese Fortschritte sind es, die hernach unsern jüngern Bruder Ludwig Emil ansteckten, der sich seitdem so wohl durch radierte Blätter als durch Oelmalerei rühmlich hervorgethan hat.

Jacob Grimm:
Selbstbiographie (1830)

Reifezeugnisse ohne Abitur

Die Brüder Grimm arbeiteten auf dem Lyceum so fleißig, dass sie durch das Überspringen von Klassen bald die Universitätsreife erreichten, ohne die obersten Klassen überhaupt noch absolvieren zu müssen. Eine Abiturprüfung war damals nicht üblich, wurde von Jacob Grimm später sogar als *verwerflich* empfunden. „Das Lob herrlicher Geistesgaben und eines unaufhaltsamen Fleißes verdient der edle Jüngling Jacob Grimm", urteilte Rektor Richter zu Ostern 1802. Mit diesem Zeugnis konnte der 17-jährige Jacob aus Unterprima an die Universität nach Marburg wechseln, während Wilhelm, der Jüngere, weiter auf dem Gymnasium in Kassel bleiben musste. Die *Trennung* vom Bruder, mit dem er *stets in einer Stube gewohnt und in einem Bett geschlafen hatte, gieng* Jacob *sehr nahe.*

Wilhelm Grimm, ebenfalls ein hervorragender Schüler, in dessen Zeugnissen seine „vorzüglichen Talente", sein „Fleiß" und sein „sittlich gutes Betragen" gerühmt wurden, hatte aufgrund der immensen schulischen Belastung zu kränkeln begonnen. Gerade hatte er das *Scharlachfieber* glücklich überstanden, als er über Atembeschwerden und Schmerzen in der Brust zu klagen anfing: *Die Lehrstunden hatten dabei ihren Fortgang, und der Weg nach dem Lyzeum ward mir oft sehr sauer, wenn mir der kalte Wind, der über den Friedrichsplatz oft herzieht, entgegenblies.* (Wilhelm Grimm: Selbstbiographie). Nach einem vermeintlichen Asthmaanfall musste der Obersekundaner ein halbes Jahr lang das Zimmer hüten. Entgegen dem Rat des Rektors zu Ostern 1803 bezog er dann direkt die Universität, ohne an die Schule zurückzukehren. Am 8. April 1803 kam Jacob Grimm nach Kassel, um den Bruder abzuholen. Bald darauf brachen sie, zusammen mit ihren Mitschülern Ernst Otto von der Malsburg und Paul Wigand in einer Lohnkutsche, zum Studium nach Marburg auf.

Der Lyceumsplatz

Die Gebäude des Lyceums Fridericianum, des späteren Friedrichsgymnasiums, in der Oberen Königsstraße 47 (1779–1835) und in der Wolfsschlucht 20 (seit 1842) wurden bei dem Bombenangriff am 22. Oktober 1943 zerstört. Auf dem Grundstück an der Wolfsschlucht entstand 1998 ein Geschäftsbau, dem sich ein neu gestalteter Platz namens „Lyceumsplatz" anschließt. Dort erinnert eine Gedenktafel an die altehrwürdige Lehranstalt mit ihren berühmten Lehrern und Schülern, ohne die Brüder Grimm ausdrücklich zu nennen. Die Tradition der Schule setzt heute das Friedrichsgymnasium in neuen Gebäuden in der Humboldtstraße 5 fort.

Tourist-Information im Rathaus
Obere Königsstraße 8
34117 Kassel
Tel. 05 61/70 77-07
www.kassel-tourist.de
Turnusführungen (zu bestimmten Terminen) und Sonderführungen (auf Anfrage) auf den Spuren der Brüder Grimm durch Kassel werden angeboten.

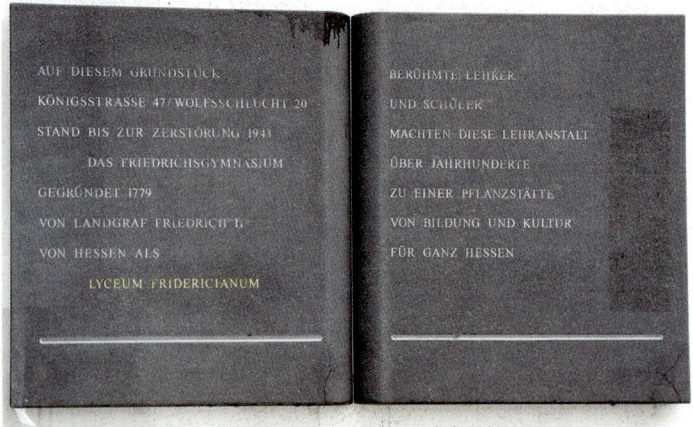

Die Gedenktafel für das Lyceum Fridericianum auf dem Lyceumsplatz

Das Schloss Wilhelmshöhe

Großalmerode, ein Fachwerkstädtchen mitten im Naturpark Meißner-Kaufunger Wald, schnitt im gastronomischen Urteil bei Jacob Grimm nicht gerade löblich ab. Von einem Besuch auf der Durchreise im April 1838 berichtete er, dass zu *Grossalmerode (...) mittag gegessen werden sollte, aber wie gewöhnlich nichts zu haben war ausser eiern und käse* (Jacob Grimm an Wilhelm Grimm, 24.4.1838). Dennoch hegten die Brüder eine gute Erinnerung an die kleine Stadt im oberen Gelstertal: Dort wurde Wilhelm Grimm konfirmiert.

Heute hat sich Großalmerode für den Fremdenverkehr herausgeputzt, und so schmückt es sich auch stolz mit seiner authentischen Grimmstätte.

Die Evangelische Stadtkirche

EVANGELISCHE
STADTKIRCHE

Die Mutter Dorothea Grimm wollte ihre beiden ältesten Söhne eigentlich vor deren Abreise von Steinau nach Kassel konfirmiert wissen. Während Jacob am Palmsonntag 1798 noch in Steinau eingesegnet werden konnte, wurde der damals erst 12-jährige Wilhelm, trotz dringender Bittgesuche an höchste Stellen, nicht vorzeitig zur Konfirmation zugelassen. Daher wurde er später, im üblichen Alter von 14 Jahren, während der Kasseler Schulzeit konfirmiert – allerdings nicht im heimatlichen Steinau, sondern im näher, nur etwa 20 Kilometer östlich vor Kassel gelegenen Großalmerode. Dort hatte Martin Philipp Koppen, ein Vetter der Mutter, das Pfarramt inne.

Am 13. April 1800 wurde Wilhelm Grimm in der Evangelischen Stadtkirche eingesegnet, was auch durch den erhaltenen Eintrag im Kirchenbuch zu belegen ist. Die alte, teilweise noch aus dem 16. Jahrhundert stammende Kirche wurde allerdings 1913–16 weitgehend abgerissen und erneuert, wobei der ursprüngliche Turm von 1733 erhalten blieb. Das Portal, durch das einst Wilhelm Grimm zur Konfirmation in das Gotteshaus schritt, bekam im Zuge des Umbaus seinen heutigen Platz jenseits des Chorturms hin zur Straße am Kleinen Kirchrain. Vor der architektonisch außergewöhnlichen Kirche wurde zum 200-jährigen Konfirmationsjubiläum von Wilhelm Grimm 2000 ein Gedenkstein errichtet, der an den berühmtesten Konfirmanden von Großalmerode erinnert.

Tourist-Information
Marktplatz 18
37247 Großalmerode
Tel. 0 56 04/93 35-26 oder -56
www.grossalmerode.de

(...) die Lage Marburgs und umliegende Gegend ist gewiß sehr schön. Besonders wenn man in der Nähe des Schlosses steht und da herunter sieht, die Stadt selbst aber sehr häßlich. Ich glaube, es sind mehr Treppen auf den Straßen als in den Häusern. In ein Haus geht man gar zum Dache hinein.

Jacob Grimm an Paul Wigand, 15.5.1802

Der Forsthof

Marburg an der Lahn, als städtische Ansiedlung um die hoch auf einem Felsen aufragende Landgrafenburg entstanden, war Sitz der 1527 gegründeten Landesuniversität von Hessen-Kassel. Die Zulassung zum dortigen Studium hatte der Landgraf durch eine Verordnung eingeschränkt, die Söhnen aus nichtadligen Familien und aus niedrigeren als der siebten Beamtenklasse die Immatrikulation erschwerte. Da der verstorbene Philipp Wilhelm Grimm als Amtmann nur zur achten Klasse in der Rangordnung der „Zivildienerschaft" gehört hatte, musste seine Witwe um eine Ausnahmegenehmigung zum Studium für ihre beiden ältesten Söhne Jacob und Wilhelm bitten. Erst mit der landgräflichen „Dispensation" konnten Jacob zum Sommersemester 1802, Wilhelm zum Sommersemester 1803 das Studium in Marburg beginnen. Als Studienfach wählten beide Jura, nicht weil es ihrer besonderen Neigung entsprach, sondern weil – wie Jacob einmal notierte – der *Vater ein Jurist gewesen war und es die Mutter so am liebsten hatte.*

Das ohnehin geringe Vermögen der „Amtmännin" war inzwischen so *zusammengeschmolzen*, dass auch die Söhne in ihrer Sorge um Mutter und Geschwister eine *zeitige Beendigung* des Studiums wünschten. Im Januar 1805 verließ Jacob Grimm ohne Abschluss die Universität, um seinem Lehrer Savigny nach Paris zu folgen. Wilhelm Grimm, der zunächst noch bis Herbst 1805 in Marburg blieb, legte im Mai 1806 das juristische Examen ab.

Bis heute wird das Leben in Marburg von der Universität geprägt. In der malerischen Altstadt, die sich wie zu Grimms Zeiten mit engen Straßen und unzähligen Treppen den steilen Schlossberg hinauf zieht, gibt es allerhand Originalschauplätze und Rezeptionsstätten zu Leben und Werk der Brüder Grimm zu entdecken.

DAS WOHNHAUS IN DER BARFÜSSERSTRASSE

Am 30. April 1802 immatrikulierte sich Jacob Grimm zum Jurastudium in Marburg. Er nahm sich ein *kleines Stübchen* bei dem Kaufmann Heckmann in der Barfüßerstraße 35 an der Ecke zur Wendelgasse. Die Einsamkeit, insbesondere wegen der Trennung vom Bruder, bekämpfte der junge Student mit unermüdlicher Tätigkeit wie dem eifrigen Besuch der Kollegien und dem genauen Ausarbeiten der Mitschriften. *Ich muß viel schreiben*, berichtete er seinem Schulfreund Paul Wigand nach Kassel. *In einem Kollegium besonders*

Das Wohnhaus der Brüder Grimm in der Barfüßerstraße 35

Aussage hatten sie auch *dieselben Lehrer* und besuchten *dieselben Kollegia*. „Der Kleine" stand dem Bruder im Fleiß nicht nach, obwohl er immer noch in gesundheitlich schlechter Verfassung war und sogar *im Grunde* nicht *an eine Wiederherstellung* glaubte.

Das Fachwerkhaus Barfüßerstraße 35, nicht weit vom Markt, ist vollständig erhalten und seit 1886 mit einer kleinen Marmortafel bezeichnet. Sie wurde zu Ehren der Brüder Grimm von ihrem Goßfeldener Patenkind Ferdinand Bang gestiftet.

Reger Universitätsbetrieb auf dem Schlossberg

geht es so geschwind, daß ich jede Stunde 1 1/2 bis 2 Bogen vollschmiere, welche – ut plebs dicit infima – kein Hund genießen könnte, wenn ich sie nicht abschriebe, und dies muß ich gleich tun, sonst kann ich's selbst nicht herausbringen. (Jacob Grimm an Paul Wigand, 15.5.1802).

Nach einem Jahr, im April 1803, holte Jacob Grimm endlich auch den Bruder Wilhelm zum Studium nach Marburg. „Der Alte" und „der Kleine", wie die beiden gewöhnlich von ihren Kommilitonen genannt wurden, bewohnten künftig das Zimmerchen in der Barfüßerstraße gemeinsam, und nach Wilhelms

Die Universität hatte ihren Sitz ursprünglich im spätmittelalterlichen Dominikanerkloster, auf dessen Grundmauern in preußischer Zeit ein Universitätsneubau, die heutige Alte Universität, errichtet wurde. Das eigentliche Universitätsgebäude der Zeit, als Jacob und Wilhelm Grimm in Marburg studierten, ist also nicht erhalten.

Doch ohnehin dürften die Brüder zum Studium, etwa zum Besuch von Vorlesungen und Kollegien, meist in die über den Schlossberg verteilten Häuser der Professoren gegangen sein, wie es damals üblich war. Zu

den Lehrern der Grimms gehörten Anton Bauer (Deutsches Privatrecht und Kriminalrecht), Johann Bering (Logik und Naturrecht), Johann Heinrich Christian Erxleben (Pandekten und Kanonisches Recht), Georg Friedrich Carl Robert (Reichsgeschichte, Staats- und Lehnrecht) und Philipp Friedrich Weis (Institutionen und Pandekten); außerdem besuchten sie die literaturgeschichtlichen Vorlesungen von Ludwig Wachler. Ihren eigentlichen Lehrmeister aber fanden die Brüder Grimm in einem kaum älteren Professor: Friedrich Carl von Savigny (1779–1861).

Zu Marburg musz man seine Beine rühren und treppe auf, treppe ab steigen. aus einem kleinen hause der barfüszer strasze führte mich durch ein schmales gäszchen und den wendelstieg eines alten thurms der tägliche weg auf den kirchhof, von dem sichs über die dächer und blütenbäume sehnsüchtig in die weite schaut, da war gut auf und ab wandeln, dann stieg man an der mauerwand wieder in eine höherliegende gasse vorwärts zum forsthof, wo professor Weis noch weiter hinauf wohnte. zwischen dessen bereich und dem hofthor unten, mitten an der treppe, klebte wie ein nest ein nebenhaus, in dem Sie [d. i. Savigny] Ihr heiteres, sorgenfreies und der wissenschaft gewidmetes leben lebten. ein diener namens Bake öffnete, und man trat in ein nicht groszes zimmer, von dem eine thür in ein noch kleineres gemach mit sopha führte. hell und sonnig waren die räume, weisz getüncht die wände, tännen die dielen, die fenster gaben ins Gieszer thal, auf wiesen, Lahn und gebirg duftige aussicht, die sich zauberhafter wirkung näherte, in den fensterecken hiengen eingerahmt kupferstiche von J. G. Wille und Bause, an denen ich mich nicht satt sehen konnte (...). doch noch viel gröszeren reiz für mich hatten die im zimmer aufstrebenden schränke und in ihnen aufgestellten bücher (...). man durfte auf die leiter steigen und näher treten. da bekamen meine augen zu schauen, was sie noch nie erblickt hatten. ich entsinne mich, von der thür eintretend an der wand zur rechten hand ganz hinten fand sich auch ein quartant, Bodmers Sammlung der Minnelieder, den ich ergriff und zum ersten mal aufschlug, da stand zu lesen „her Jacob von Warte" und „her Kristan von Hamle", mit gedichten in seltsamem, halb unverständlichem deutsch, das erfüllte mich mit eigner ahnung. wer hätte mir damals gesagt, ich würde dies buch vielleicht zwanzigmal von vornen bis hinten durchlesen und nimmer entbehren.
Jacob Grimm: Das Wort des Besitzes (zum 50. Doktorjubiläum von Friedrich Carl v. Savigny, 1850)

DER FORSTHOF IN DER RITTERSTRASSE

Zum Anwesen des Forsthofs gehören der Gebäudekomplex Ritterstraße 16 mit dem oberhalb von der Straße zurückgelegenen Kernbau und dem Protectorhaus, das untere Haus Ritterstraße 15 sowie ausgedehnte, bis zur alten Stadtmauer und dem Kalbstor reichende Gärten mit dem „Liebestempel", einem Gartenpavillon im Stil einer chinesischen Pagode, von wo aus der Blick zum (von Bettine Brentano geliebten und deshalb inzwischen nach ihr benannten) „Bettinaturm" geht.

Seit dem Auszug des Oberforstmeisters Ludwig Carl Eberhard Heinrich Friedrich von Wildungen 1801 bewohnte Professor Philipp Friedrich Weis den Forsthof. Das dazu gehörende, unten an der Straße gelegene Nebenhaus Ritterstraße 15 mietete der Jurist Friedrich Carl von Savigny, der seit 1800 an der Universität lehrte und seit 1804 mit Gunda Brentano, einer Schwester von Clemens und Bettine, verheiratet war. Bei ihm verkehrten Clemens und Bettine Brentano, Achim von Arnim, Johann Heinrich Christian Bang, Georg Friedrich Creuzer und Karoline von Günderrode. Auch empfing der *geistreiche junge Docent*

hier seine Schüler Jacob und Wilhelm Grimm, zunächst etwa zu Besuchen zum *Ueberbringen* von *Ausarbeitungen*, wie Jacob es geschildert hat.

Savignys Schule

Savigny, gerade selbst erst 24 Jahre alt und zum Professor ernannt (1803), wusste die Studenten durch seinen Vortrag zu begeistern: *Ich glaube, es war die Freiheit und Lebendigkeit, zugleich das Gemessene und Ruhige dabei, was so sehr anzog und festhielt*, meinte Wilhelm Grimm, während Jacob sich gar zu ungewohnten Superlativen hinreißen ließ: *Was kann ich aber von Savigny's Vorlesungen anders sagen, als daß sie mich auf's gewaltigste ergriffen und auf mein ganzes Leben und Studieren entschiedensten Einfluß erlangten?*

Tatsächlich wurde das Studium in Marburg, an einer damals eher als mittelmäßig geltenden Universität, für die Brüder Grimm allein durch ihren Lehrer Savigny wegweisend. Der aufstrebende Rechtsgelehrte, der sie zur eigenen wissenschaftlichen Arbeit anregte und anleitete, lenkte ihre Aufmerksamkeit auf den von ihm geprägten Begriff der „Volksseele", die die Entwicklung von Sprache, Sitte, Verfassung und

Recht bestimme und die es daher zu erforschen gelte. In der privaten Bibliothek des Professors entdeckte Jacob Grimm, der Tiecks damals brandneue Sammlung der Minnelieder schon kannte, auch Bodmers *Ausgabe der deutschen Minnesinger* von 1758/59: *Solche Anblicke hielten die größte Lust in mir wach, unsere alten Dichter genau zu lesen und verstehn zu lernen.*

Der verehrte Lehrer verließ Marburg, bevor die Brüder Grimm ihr Studium abschließen konnten. Im Herbst 1804 brach Savigny zu einer Studienreise auf, um Material zur Erforschung der Rechtsgeschichte in Archiven und Bibliotheken zu sammeln. An seinem Marburger Wohnhaus im Forsthof, der heute als Studentenwohnheim dient, erinnert seit 1884 eine Tafel an den bedeutenden Juristen und späteren Begründer der historischen Rechtsschule.

Das Wohnhaus von Clemens und Sophie Brentano in der Reitgasse 6

DAS WOHNHAUS VON CLEMENS BRENTANO UND SOPHIE MEREAU

Durch Savigny kamen die Brüder Grimm in Verbindung mit dem Kreis der „Marburger Romantiker". So lernten sie um 1803/04 auch den Dichter Clemens Brentano kennen, Savignys Schwager, der bei seinen Marburger Aufenthalten zunächst mit im Forsthof gewohnt hatte. Nach seiner Heirat mit der Schriftstellerin Sophie Mereau geb. Schubart in der Marburger Pfarrkirche am 29. November 1803 gründete Brentano einen eigenen Hausstand in der Reitgasse 6. Darauf weist heute ein Schild an dem Fachwerkbau hin.

Wilhelm Grimm erinnerte sich noch 1844 an die Besuche im Hause Brentano, wo man Tee mit rotem Wein getrunken und wo ihm Sophies zehnjährige Tochter Hulda

Mereau mit einem schweren silbernen Leuchter in ihren kleinen zitternden Händen *manchmal die Treppe hinunter geleuchtet* habe. Bei ihren Treffen in Marburg dürften Brentano und die Brüder Grimm, angeregt und unterstützt von Savigny, erstmals die Idee der Sammlung von Texten aus der Volksüberlieferung – wie Liedern, Märchen und auch Gesetzen – diskutiert haben.

Herzbrüder und Märchenbrüder

Im Sommer 1804, nach dem Tod ihres wenige Wochen alten Kindes, verließen Clemens und Sophie die Stadt und zogen nach Heidelberg. Einige Monate darauf begannen Clemens Brentano und sein „Herzbruder" Achim von Arnim mit der Edition ihrer Volksliedsammlung „Des Knaben Wunderhorn", zu der später auch Jacob und Wilhelm Grimm beitragen sollten. In seinem Interesse an der „Volkspoesie" ermutigte, ja beauftragte Brentano die Brüder Grimm zur Sammlung von Sagen und Märchen. Einmal soll er Wilhelm gebeten haben, dieser möge zu einer alten Frau ins Elisabeth-Hospital gehen, um von ihr Märchen aufzuzeichnen. Doch die Alte schwieg. Erst auf Umwegen waren der *Marburger Märchenfrau* im September 1810 zwei Geschichten zu entlocken. Ende 1810, als die beiden Grimms schon über vier Jahre lang fleißig Material für eine Märchenedition zusammengetragen hatten, resümierte Jacob Grimm die Marburger Jahre in einem Bekenntnis an Brentano: *Ich denke oft daran, wie wir wohl geworden wären, ohne die Bekanntschaft mit Savigny und Ihnen; sicher viel anders.* (Jacob Grimm an Clemens Brentano, 15.12.1810).

Akademische Würden und Ehren

Im Januar 1805 erhielt Jacob Grimm ein überraschendes Angebot: Durch Professor Weis ließ Savigny aus Paris anfragen, ob sein früherer Meisterschüler ihm dort bei Quellenrecherchen zur Rechtsgeschichte helfen wolle, gegen Bezahlung von Reise, Kost und Logis. Aufgeregt bat der Zwanzigjährige brieflich um die Einwilligung von Mutter und Tante: *Vielleicht ist dies einer der wichtigsten Augenblikke meines Lebens.* (Jacob Grimm an Henriette Zimmer, 20.1.1805). In der Nacht zum 28. Januar 1805 brach Jacob Grimm mit der Postkutsche nach Paris auf. Er verließ Marburg und die Universität, ohne einen Abschluss erlangt zu haben. Während Wilhelm Grimm am 21. Mai 1806 das Examen „pro advocatura" ablegte, hielt Jacob Grimm

zeit seines Lebens nichts von *zwängenden Prüfungen*, die die Freiheit des Studiums einschränkten. Dennoch kam auch er später zu einem akademischen Titel „seiner" Universität: Bereits am 13. Januar 1819 wurden Jacob und Wilhelm Grimm zu Ehrendoktoren der Philosophischen Fakultät ernannt.

Der Brüder-Grimm-Preis der Philipps-Universität Marburg

Heute kann die Philipps-Universität längst akademische Ehren in Grimms Namen vergeben. Im Jahr 1943 stiftete sie den Brüder-Grimm-Preis als eine Auszeichnung für hervorragende Altgermanisten. Seit 1950 wird der (inzwischen mit 5.000 Euro dotierte) Preis zum Andenken an die Brüder Grimm und „in Würdigung ihres wissenschaftlichen Gesamtwerks" regelmäßig, möglichst alle zwei Jahre, verliehen. Zu den bedeutenden Preisträgern der letzten Zeit gehört etwa der Grimmforscher und Märchenexperte Heinz Rölleke (1999).

Platz für Grimmforschung und Grimmgedenken

Nicht nur wegen der authentischen Grimmstätten ist Marburg ein wichtiger Ort für die Rezeption von Leben und Werk der Brüder Grimm.

Die Grimmforschung kommt um die Lahnstadt nicht herum: Hier befinden sich im **Hessischen Staatsarchiv** ein wichtiger Teil des Nachlasses der Brüder Grimm und in der **Universitätsbibliothek** der größte Teil des Nachlasses von Savigny.

Romantik im Roten Salon ...

Das „**Marburger Haus der Romantik**", gegründet 1999 von dem Magistrat der Stadt Marburg, der Brüder Grimm-Gesellschaft und einem örtlichen Trägerverein, möchte „das Andenken an den Marburger Romantikerkreis wachhalten und pflegen". Das kleine „Museum für Kulturgeschichte der Romantik"

Das „Marburger Haus der Romantik"

wurde im September 2001 im historischen Hochzeitshaus am Markt 16 eröffnet. In seiner Dauerausstellung, die sich mit Leben und Werk der Marburger Romantikerinnen und Romantiker befasst, werden auch die Brüder Grimm vorgestellt. Deren Porträtbüsten prangen zudem im originalgetreu eingerichteten Roten Salon des Hauses, der die Kommunikationskultur der Zeit stimmungsvoll veranschaulicht. Außerdem werden Wechselausstellungen und Begleitveranstaltungen zu Themen der Romantik angeboten.

... wie in der Stube und auf den Gassen

Die „Brüder-Grimm-Stube" am Markt 23 dient dem Kulturamt der

Die Bienenkönigin
Märchenillustration (mit dem Motiv des
Marburger Schlosses) von Otto Ubbelohde,
um 1906–08

Stadt Marburg für wechselnde Ausstellungen. Dort darf der Name des in Marburg geborenen Malers Otto Ubbelohde nicht fehlen. Dieser wohl bekannteste Illustrator der Grimm'schen Märchen und Sagen fand die Motive in seiner hessischen Heimat – auch in Marburg. Anhand seiner Bilder kann man die Stadt auf der „**Marburger Märchenroute**" erkunden. Sie beginnt an der **Elisabethkirche**. Die berühmte Grabkirche der Heiligen Elisabeth hat auch Jacob Grimm gleich während seiner ersten Marburger Wochen 1802 besichtigt und gepriesen: *Ein wahres Meisterstück, in ächt gothischem Geschmack, u. die farbigen Fenster (...) wie feierlich, und die Gruft mancher Landgrafen wie schauerlich!*

Allzu oft spazierten die Brüder Grimm während ihrer ausgefüllten Studienzeit aber wohl nicht durch die Stadt. Wilhelm konnte wegen seiner angeschlagenen Gesundheit meist nicht weit und nur langsam gehen, und Jacob erwiderte auf manche Einladung seiner Kommilitonen zu einem Rundgang glatt: *Ich gehe in der Literatur spazieren.*

Marburg Tourismus und Marketing GmbH
Pilgrimstein 26
35037 Marburg
Tel. 0 64 21/99 12-0
www.marburg.de
Führungen „Auf den Spuren der Brüder Grimm durch das märchenhafte Marburg" werden regelmäßig (von April bis Oktober am letzten Sonntag im Monat) angeboten. Weitere thematische Führungen auf den Spuren der Brüder Grimm in und um Marburg können besonders gebucht werden.

Marburger Haus der Romantik
Markt 16
35037 Marburg
Tel. 0 64 21/91 71 60
www.romantikmuseum-marburg.de
Geöffnet: Di–So 11–13 und 14–17 Uhr

„Brüder-Grimm-Stube"
Markt 23
35037 Marburg
Tel. 0 64 21/20 15 44
Geöffnet: Di–So 11–13 und 14–17 Uhr

Goßfelden, einen kleinen und ruhigen Vorort von Marburg, der heute zur Gemeinde Lahntal gehört, lernten die Brüder Grimm wohl während ihrer Studentenzeit kennen. Von Marburg aus erkundete insbesondere Jacob, der kräftigere der beiden, auf gelegentlichen Ausflügen die nähere Umgebung. Zusammen mit Kommilitonen, darunter Fritz von Schwertzell und Paul Wigand, wanderte er auf den Frauenberg und nach Willingshausen, zu Besuchen bei Pfarrer Adam Mannel nach Allendorf und bei Pfarrer Heinrich Bang nach Goßfelden. Mit Heinrich Bang blieben die Brüder Grimm jahrzehntelang befreundet, so dass zumindest die briefliche Verbindung nach Goßfelden bis zum Abschied des nach Haina berufenen Pfarrers 1839 nicht abriss.

Später, fast hundert Jahre nach dem Ersterscheinen der *Kinder- und Hausmärchen*, spann sich ein weiterer Faden von Goßfelden zu den Brüdern Grimm: In dem Fachwerkdorf im oberen Lahntal lebte seit 1898 der Maler Otto Ubbelohde, dessen Illustrationen der Grimm'schen Märchen und Sagen weltbekannt wurden. In seinem Atelierhaus befindet sich heute ein Museum für den Künstler.

EVANGELISCH-LUTHERISCHE KIRCHE

An der Goßfeldener Kirche, in der Mitte des 18. Jahrhunderts auf einem Bergsporn über der Lahn erbaut, wirkte der Pfarrer Johann *Heinrich* Christian Bang. Bang, der 1774 als Sohn des Pfarrers in Goßfelden geboren wurde und 1803 die Amtsnachfolge seines Vaters angetreten hatte, war „ein sehr gebildeter, streng gläubiger und zugleich rational eingestellter, tüchtiger und kraftvoller Mann, der in seinem Amt für die Gemeinde und als vorzüglicher Altphilologe für private Schüler wirkte" (Alfred Höck). Der Theologe und Humanist unterrichtete auch Friedrich Carl von Savigny im Griechischen und wurde ihm zum vertrauten Freund. So waren Savigny und die Marburger Romantiker, darunter Bangs Vettern Georg Friedrich und Leonhard Creuzer, Clemens und Bettine Brentano sowie Achim von Arnim, oft im Goßfeldener Pfarrhaus zu Besuch.

Durch Savigny lernten dessen Schüler Jacob und Wilhelm Grimm den Pfarrer Bang kennen, den sie im Forsthof in Marburg und im Pfarrhaus von Goßfelden sahen. Er half den Brüdern bei Problemen mit der lateinischen, griechischen oder he-

Die Evangelisch-lutherische Kirche

bräischen Sprache und unterstützte sie bei der Märchensammlung. Die anhaltende Freundschaft wurde dadurch besiegelt, dass Jacob und Wilhelm Grimm die Patenschaft für Bangs Sohn *Ferdinand* Jacob Ludwig Wilhelm Carl übernahmen, der am 29. Oktober 1820 in Goßfelden getauft wurde. Später, noch von Kassel aus (1839), gewann Jacob Grimm den Pfarrer Bang zur Mitarbeit am geplanten *Deutschen Wörterbuch*.

Das Heinrich-Bang-Haus

Das alte Pfarrhaus, in dem die Brüder Grimm als Studenten beim Pfarrer Bang zu Gast waren, wurde bereits 1813 durch einen Neubau ersetzt, der inzwischen ebenfalls abge-

rissen wurde. Heute heißt das moderne Kultur- und Gemeinschaftszentrum in einer restaurierten Scheune schräg gegenüber der Kirche „Heinrich-Bang-Haus".

DAS OTTO-UBBELOHDE-HAUS

Seit 1898 verbrachte der Maler Otto Ubbelohde (1867–1922), ein gebürtiger Marburger, die Sommer in Goßfelden. In einem Wiesengrund am Dorfrand baute er 1900 ein Wohn- und Atelierhaus, wo er sich ständig niederließ. Das idyllisch gelegene Anwesen bot ihm den rechten Platz für ein naturnahes Leben und Arbeiten abseits der Großstadt. Zusammen mit seiner Frau Johanna

Das Otto-Ubbelohde-Haus

bestellte der Künstler selbst den großen Gemüsegarten; auch hielten sie Schweine, Federvieh und Bienen. Nach seinem Tod am 8. Mai 1922 wurde Otto Ubbelohde auf dem Goßfeldener Kirchhof beigesetzt. Er hinterließ ein umfangreiches künstlerisches Werk von rund 3.000 Gemälden, Zeichnungen, Skizzen und Radierplatten.

447 Märchenbilder

Bekannt wurde Ubbelohde allein durch seine Illustrationen zu den Grimm'schen Sagen (1902) und Märchen (1906–08). Mit seinen insgesamt 447 Federzeichnungen zur illustrierten Prachtausgabe von 1908 hat er die *Kinder- und Hausmärchen* endgültig im Hessischen „verheimatet". Zahlreiche Motive fand er in der Umgebung von Marburg: So lässt Rapunzel sein Haar vom Lusthäuschen in **Amönau** herunter, Aschenputtel weint am Grab der Mutter auf dem Kirchhof von **Christenberg**, Frau Holle schüttelt ihre Betten über den **Rimberg** und das Lahntal aus, und die traurige Gänsemagd schaut durch das Schlosstor auf **Marburg**. Auf einem Bild zu dem Märchen *Katze und Maus in Gesellschaft*, das den Elisabethschrein zeigt, hat sich der

Katze und Maus in Gesellschaft
Märchenillustration von Otto
Ubbelohde (mit einem Selbstporträt
auf der rechten Seite), um 1906–08

November 1999 das „Otto-Ubbelohde-Haus". Den Mittelpunkt dieses kleinen Museums bildet das original ausgestattete Atelier mit der Staffelei und dem Schreibtisch des Künstlers. Die Wände des lichtdurchfluteten Raums hat einst Ubbelohde selbst gestaltet, mit einem Fries seiner geliebten Raben, und rund um die Sitzecke finden sich auch die berühmten Märchenmotive wieder.

Künstler selbst auf einem rechts stehenden Grabstein porträtiert. Die Originale der Märchenillustrationen hat die Witwe Johanna Ubbelohde 1923 aus dem Nachlass herausgenommen und dem nachmaligen Landkreis Marburg-Biedenkopf geschenkt. Sie sind im Kreishaus in Marburg-Cappel zu besichtigen.

Hier fliegen die Raben noch

Das Anwesen und den übrigen Nachlass in Goßfelden vermachte Else Ubbelohde-Doering, die Nichte des Malers, testamentarisch einer „Otto-Ubbelohde-Stiftung". Die Stiftung eröffnete daraufhin im

Gemeinde Lahntal
Oberdorfer Str. 1
35094 Lahntal
Tel. 0 64 20/82 30-0
www.lahntal.de

Otto-Ubbelohde-Haus
Otto-Ubbelohde-Weg 30
35094 Lahntal-Goßfelden
Tel. 0 64 23/65 49 oder 96 44 02
Geöffnet: Sa und So 11–17 Uhr

Das **Hofgut Trages**, südwestlich von Freigericht-Somborn an der hessisch-bayerischen Grenze, befindet sich seit 1751 im Besitz der Familie von Savigny. Als Gast des damaligen Gutsherrn Friedrich Carl von Savigny kam der Dichter Clemens Brentano erstmals im

Sommer 1800 nach Trages, das er auch in seinem Roman „Godwi" (1801) eindrücklich beschreibt und später zum Schauplatz seines Märchens „Gockel, Hinkel, Gackeleia" (1838) wählte. Bis zu Savignys Berufung nach Landshut im Herbst 1808 war das Hofgut im Vorspessart ein beliebter Treffpunkt des befreundeten Romantikerkreises um die Geschwister Brentano, Achim von Arnim und Karoline von Günderrode. Savigny, der seit 1804 mit Gunda Brentano verheiratet war, soll nach 1802/03 auch seine Schüler Jacob und Wilhelm Grimm aus Marburg öfter nach Trages „mitgebracht" haben. Nachweislich weilte Jacob auf der Rückreise von Paris im Herbst 1805 für einige Tage dort. Später verband die Brüder Grimm und ihren Lehrer Savigny zumindest eine rege Korrespondenz. So wurden nach dem Zweiten Weltkrieg noch rund 200 Grimmbriefe im Herrenhaus von Trages gefunden.

Das ab 1994 aufwendig restaurierte Hofgut mit den historischen Wirtschaftsgebäuden dient heute größtenteils als Golfanlage kommerziellen Zwecken. Der terrassenförmig angelegte Park mit dem Schloss von 1861–65/85 und der

Friedrich Carl von Savigny

Kapelle von 1866–72 sowie dem verwunschenen „Günderrodehäuschen", wo die Dichterin bei ihren Besuchen auf dem Trages wohnte, wird weiterhin privat genutzt und kann daher nur zu besonderen Gelegenheiten besichtigt werden. An der Stelle des Schlosses stand zu „romantischen" Zeiten noch ein barocker Gartenpavillon aus dem Jahr 1748, der teilweise in den Mittelrisalit des jetzigen Baus integriert wurde. In der südwestlich vom Schloss gelegenen neogotischen Kapelle, errichtet durch den Kölner Dombaumeister Vinzenz Statz, sind in der Familiengruft auch Friedrich Carl von Savigny und seine Frau Gunda geb. Brentano beigesetzt.

DAS HERRENHAUS MIT DEM DICHTERZIMMER

Den Mittelpunkt der Hofanlage von Trages bilden bis heute das Herrenhaus und das daneben liegende, der Gemeinde Freigericht als Außenstelle des Standesamts dienende Pächterhaus, die der einstige Gutsbesitzer Johann Carl von Cranz ab 1730 erbaut hat. Im Herrenhaus, in einem Zimmer im Erdgeschoss, wohnten die Brüder Cle-

*Die Dichterkrönung
Wandzeichnung von Christian
Brentano im Dichterzimmer,
wahrscheinlich 1805 (Ausschnitt)*

mens und Christian Brentano öfter bei ihren Trageser Aufenthalten. Wohl im Herbst 1805 schmückten die beiden ihr „Dichterzimmer" mit eigenen, teilweise sich selbst und ihre Zeitgenossen karikierenden Wandbildern: „Der Clemens hat ihm [d. i. Savigny] schon ein paar Wände mit abenteuerlichen Figuren vollgemalt!", berichtete Bettine an die Günderrode. Eine der noch schwach erhaltenen Tuschzeichnungen auf den Wänden des (nicht öffentlich zugänglichen) Dichterzimmers illustriert den Anlass der damaligen Zusammenkunft auf Trages: die „Riesentaufe".

Nach dem Forschungsaufenthalt in Paris kehrte Savigny mit seiner Familie und seinem Assistenten Jacob Grimm im September 1805 nach Deutschland zurück. Über Metz und Frankfurt reisten sie im Oktober 1805 auf das Familiengut in Trages weiter. Dort sollte Bettine, das in Paris geborene erste Kind von Savigny und seiner Frau Gunda, endlich getauft werden. Familie und Freunde, darunter die Paten Bettine Brentano und Achim von Arnim, Clemens, Christian und Meline Brentano sowie Karoline von Günderrode, die sich zur ausgelassenen Wiedersehens- und Tauffeier auf

Trages versammelten, lästerten bald über die „Riesentaufe". Denn der Täufling war bereits ein halbes Jahr alt und nicht gerade schmächtig: „Das Kind ist dick und stark, die Gundel säugt es noch, es sieht aus wie ein dicker kleiner schöner Savoyard", schrieb Clemens seiner Frau Sophie Mereau.

Am Tag nach der Taufe am 10. (nach anderen Angaben: 13.) Oktober 1805 brach Jacob Grimm von Trages nach Marburg auf, um dort den Bruder abzuholen. Gemeinsam reisten sie nach Kassel, wo sie künftig gemeinsam wohnen und arbeiten wollten.

Gemeinde Freigericht
Bahnhofstraße 13
63579 Freigericht-Somborn
Tel. 0 60 55/9 16-0 oder -1 15
www.freigericht.de

(...) die ruhigste, arbeitsamste und vielleicht auch die fruchtbarste Zeit meines Lebens.

Jacob Grimm: Selbstbiographie (1830)

Jacob Grimm über dem Zettelkasten an seinem Schreibtisch in der Wohnung am Wilhelmshöher Tor Bleistiftzeichnung von Ludwig Emil Grimm, 18.11.1817

Kassel, inzwischen Hauptstadt des 1803 gegründeten Kurfürstentums Hessen, wählten die Brüder Grimm nach Abschluss ihrer Studienzeit 1805 wieder zu ihrem Wohnsitz. Bereits während Jacobs Abwesenheit in Paris hatten die beiden förmlich beschlossen, künftig in brüderlicher Lebens- und Arbeitsgemeinschaft zusammenzubleiben: *[W]ir wollen uns einmal nie trennen, und gesetzt man wollte einen anderswohin thun, so müßte der andere gleich aufsagen. Wir sind nun diese Gemeinschaft so gewohnt, daß mich schon das Vereinzeln zum Tod betrüben könnte.* (Jacob Grimm an Wilhelm Grimm, 12.7.1805).

Im August 1805 war auch die Mutter mit der kleinen Schwester Lotte von Steinau nach Kassel gezogen, wo zwei der jüngeren Brüder, Ferdinand und Ludwig Emil, bereits seit 1803/04 das Lyceum besuchten; der Bruder Carl, der schon früh zu einer Kaufmannslehre in Hanau bestimmt worden war, lebte in den folgenden Jahren zumindest zeitweise ebenfalls in Kassel. Als Jacob und Wilhelm Grimm am Abend des 16. Oktober 1805 aus Marburg in Kassel eintrafen, war somit die Familie endlich wieder beisammen. Jacob, der Älteste, übernahm die

Rolle des Hauptverdieners und trat am 24. Januar 1806 in den hessischen Staatsdienst ein, während Wilhelm wegen seiner schwachen Gesundheit lange keine Stelle annehmen konnte. Die *Muße* beider Brüder galt künftig dem *Studium der altdeutschen Poesie und Sprache.*

Fast 25 Jahre lang, bis zur Berufung nach Göttingen zum 1. Januar 1830, blieb Kassel der Mittelpunkt des Lebens und Wirkens der Brüder Grimm. Ihre wichtigsten Werke haben sie hier geschaffen oder zumindest angefangen. Hier sammelten sie ihre *Kinder- und Hausmärchen* (2 Bde., 1812/15), und hier begann Jacob Grimm sein bahnbrechendes Werk der *Deutschen Grammatik* (4 Bde., 1819–37). Hier begründeten sie die Germanistik, indem sie Maßstäbe für die Entwicklung der philologischen Forschung zur historisch-kritischen Wissenschaft setzten.

Heute, nachdem bei einem Luftangriff auf Kassel am 22. Oktober 1943 die gesamte Altstadt und der größte Teil der Neustadt vernichtet wurden, kann man sich kaum mehr ein Bild von der Stadt zu Grimms Zeiten machen. Immerhin lässt sich aber noch ein Eindruck von zwei (der fünf) Wohnsitze der Brüder Grimm gewinnen. Vom berühmten „Märchenhaus" in der Marktgasse jedoch ist keine Spur mehr zu entdecken.

Wohnungen der Familie Grimm in Kassel 1805–30

1805–14 Marktgasse 17/Ecke Wildemannsgasse
1814–22 Wilhelmshöher Platz 1 (heute Brüder-Grimm-Platz 1)
1822–24 Fünffensterstraße 129 1/2 (nach anderen Angaben: 7)
1824–26 Bellevue 9 (heute Schöne Aussicht 9)
1826–30 Bellevue 6/Ecke Georgenstraße (heute Schöne Aussicht 7/ Ecke Hugenottenstraße)

DAS „MÄRCHENHAUS"
IN DER MARKTGASSE

Die erste Wohnung der Familie Grimm in Kassel lag im zweiten Stock des Fachwerkhauses Marktgasse 17 (nach der katholischen Straßenbenennung: Johannisstraße 778/79) an der Ecke zur Wildemannsgasse. Henriette Zimmer hatte die Wohnung zur Miete bei dem Kaufmann Simon Wille für

ihre Schwester Dorothea Grimm besorgt. Nach der Ankunft aus Steinau am 10. August 1805 zog die Grimmin mit ihren vier jüngeren Kindern ein, und zwei Monate später kamen auch die beiden ältesten Söhne Jacob und Wilhelm im neuen Heim an. Das Eingangszimmer bewohnten die drei jüngeren Brüder Carl, Ferdinand und Ludwig Emil, die angrenzenden Zimmer zur Rechten gehörten Jacob und Wilhelm, die zur Linken der Mutter und Lotte.

Das „Märchenhaus" in der Marktgasse
Historische Ansichtskarte, 1915

Politischer Umbruch

Als Jacob Grimm am 24. Januar 1806 eine Stelle als Sekretär beim kurfürstlichen Kriegskollegium antrat, schienen die Verhältnisse der Familie geordnet. Doch schon wenige Monate später ging die Welt in die Brüche. Nach der Auflösung des Heiligen Römischen Reichs Deutscher Nation und der Gründung des Rheinbunds unter Napoleon besetzten französische Truppen am 1. November 1806 die Stadt Kassel. Der Kurfürst und seine Familie flohen. Jacob Grimms *Departement* wurde in eine Truppenverpflegungskommission umgewandelt, der er den aufreibenden Dienst zum Jahresende 1806 aufkündigte. Nach wirren Monaten wurde am 18. August 1807 das Königreich Westphalen unter Jérôme Bonaparte, dem Bruder Napoleons, errichtet, und der neue „König Lustik" bezog Kassel als Residenz.

Zeugen der Hölle

Just in jenen Tagen war plötzlich Clemens Brentano in Kassel aufgetaucht. Der Dichter, dessen Frau Sophie Mereau einige Monate zuvor im Kindbett gestorben war, hatte sich in Frankfurt heftig in die 16-jährige Auguste Bußmann, eine Nichte des Bankiers Simon Moritz von Bethmann, verliebt und war mit ihr Hals über Kopf nach Kassel geflohen. Hier fand er zunächst Unterschlupf im Hause seiner Schwester Ludovica gen. Lulu, die mit dem Bankier Karl Jordis verheiratet war. Jordis, der sich bald anschickte, Hofbankier bei Jérôme zu werden, konnte gewiss kein Skandalpaar im Haus gebrauchen. Auf Drängen ihrer Familien wurden Clemens und Auguste am 21. August 1807 in Fritzlar getraut, und wohl kurz darauf bezog Clemens ein eigenes Logis „bei der Frau General von Weber auf dem **Königsplatz**". Die junge Ehe war allerdings die Hölle. Die Brüder Grimm, mit denen Brentano bald nach seiner Ankunft wieder Kontakt aufgenommen hatte, wurden *täglich Zeugen* der unglücklichen Geschichte, die sie erschreckte und abstieß. Jacob Grimm bot sich schließlich als Vermittler an. Im März 1808, als nur noch die Trennung der Verbindung zu bleiben schien, reiste er nach Frankfurt, um bei den Familien Bethmann und Brentano darauf hinzuwirken.

„Des Knaben Wunderhorn"

Trotz seiner persönlichen Misere witterte Brentano schnell die Chance, die der regelmäßige geistige Austausch mit den Brüdern Grimm bot.

Am 22. Oktober 1807 schrieb er dringlich an den Freund Achim von Arnim: „Es ist äußerst nothwendig, daß du mit mir zusammen und zwar hierher kömmst, um den ewig auf geschobenen zweiten Theil des Wunderhorns zu rangiren, (...) wir können es hier außerordentlich gut und besser noch als damals in Heidelberg, denn ich habe hier zwei sehr liebe, liebe altteutsche vertraute Freunde Grimm genannt, welche ich wie früher für die Alte Poesie interessirt hatte und die ich nun nach zwei Jahrelangem fleisigen sehr konsequentem Studium so gelehrt und so reich an Notizzen, Erfahrungen, und den vielseitigsten Ansichten der ganzen Romantischen Poesie wieder gefunden habe, daß ich bei ihrer Bescheidenheit über den Schatz den sie besitzen erschrocken bin (...)."

Arnim, am 10. November 1807 in Kassel angekommen, gewann die „treflichen" Brüder Grimm tatsächlich „sehr lieb", wie es ihm Brentano vorausgesagt hatte. Unverzüglich gingen die vier an die Arbeit zum 2. und 3. Teil der Volksliedsammlung „Des Knaben Wunderhorn", die sie zum Jahresende 1807 vollendeten. Wo sich Brentano, Arnim und die beiden Grimms zur Zusammenarbeit trafen, ist nicht belegt. Vielleicht konferierten sie bei Brentano, vielleicht bei den Brüdern Grimm, wo es allerdings sehr beengt gewesen sein dürfte. Angeblich sollen sie bei Brentanos Schwager Jordis, etwa in dessen 1806 erworbenem **Schloss Schönfeld**, zusammengekommen sein. Auf diesem etwas abseits gelegenen Sommerschlösschen hätten sie im Winter zwar weitgehend ungestört, aber kaum bequem arbeiten können.

Zu Beginn des Jahres 1808 reiste Arnim nach Heidelberg, um dort den Druck des „Wunderhorns" zu überwachen. Brentano blieb bis zum 20. April 1808 in Kassel, um die Kinderlieder, den Anhang zum 3. Teil, zusammenzustellen. Auf seine Anregung hin hatten die Brüder Grimm inzwischen begonnen, Märchen und Sagen zu sammeln. Eigentlich wollte Brentano ihren „Schatz" später herausgeben. Doch dann machten die Brüder Grimm ein eigenes Werk daraus: ihre *Kinder- und Hausmärchen*.

Der Geschwisterhaushalt

Am 27. Mai 1808 starb Dorothea Grimm nach kurzer Krankheit im Alter von 52 Jahren. Die bekümmerte Mutter hatte keines ihrer Kinder ausreichend versorgt gesehen. Auch nach ihrem Tod blieben die Geschwister in der Wohnung in der Marktgasse. Die Haushaltsführung

übernahm die damals 15-jährige Lotte, unterstützt von der *treie(n)* Magd *Katriene*, während die Tante Henriette Zimmer der Kurfürstin als deren Kammerfrau ins Exil nach Gotha gefolgt war und deshalb nur briefliche Ratschläge erteilen konnte: *[U]m alles liebe Lotte sehe mir auf ordnung das es nicht schmutzig bey dir außsihet oder unordenglig.*

Jacob Grimm bemühte sich um eine Anstellung in der Privatbibliothek des Königs Jérôme Bonaparte auf **Schloss Wilhelmshöhe**, die er am 5. Juli 1808 erhielt; außerdem wurde er am 17. Februar 1809 zum Staatsratsauditor ernannt. Seine Stellung gewährte den Geschwistern ein hinreichendes Auskommen und ihm die Zeit für seine philologische Arbeit. Nur einmal, in einer Novembernacht des Jahres 1811, war sein Job wirklich aufregend und gefährlich: Aus dem brennenden Stadtschloss rettete Jacob Grimm damals die teilweise dort ausgelagerten Bände der Bibliothek.

„Kinder- und Hausmärchen"

Es ist eine schöne Legende, dass die Brüder Grimm mit Block und Bleistift durchs Hessenland zogen, um Märchen aus dem Volksmund zu sammeln. Für ihre Märchen- wie auch ihre Sagensammlung werteten

Jacob und Wilhelm Grimm aber anfangs vor allem ältere literarische Quellen aus, ganz nach dem Vorbild von Brentano, der Jacob bereits im Frühjahr 1806 den brieflichen Auftrag erteilt hatte, sich „auf der Bibliothek" in Kassel nach „alte(n) Liedlein" umzutun. Auch die Brüder Grimm baten bald ihren Familien- und Freundeskreis um Mithilfe bei der Sammlung. So wurden ihnen die meisten Märchen, brieflich oder mündlich, ins Haus geliefert.

Erste Beiträger fanden sich in der Nachbarschaft, nebenan in der Sonnenapotheke, wo die befreundete Familie Wild wohnte. Die Apothekersgattin Dorothea Catharina Wild und ihre fünf noch ledigen Töchter erzählten die ersten Märchen, die Wilhelm Grimm aufgrund mündlicher Wiedergabe aufzeichnete. Die Schwestern Wild, darunter Dortchen, Wilhelms spätere Frau, gehörten auch zu der vergnügten „Lesegesellschaft", die sich seit etwa 1811 immer freitags bei den Grimms in der Marktgasse traf. Daran nahmen auch die Schwestern Marie, Jeanette und Amalie Hassenpflug teil, die über ein beachtliches Märchenrepertoire verfügten. Zudem sandte Friederike Mannel, Tochter des befreundeten Pfarrers in Allendorf an der Landsburg in der Schwalm, die bereits Beiträge zum „Wunderhorn" für Clemens Brentano gesammelt hatte, ab November 1808 von ihr aufgezeichnete Märchen an die Brüder Grimm. Die meisten Gewährsleute für die frühe Märchensammlung waren also gutsituierte, literarisch gebildete junge Frauen, oft mit hugenottischem bzw. französischem Familienhintergrund.

Am 17. Oktober 1810 konnten Jacob und Wilhelm Grimm bereits ein Konvolut von etwa 50 Märchen an Brentano nach Berlin senden. Doch der Dichterfreund machte keine Anstalten, das Material für die Publikation auszuarbeiten. Daher sammelten die Brüder ab März 1811 auf eigene Faust weiter. Bei einem Besuch in Kassel im Januar 1812 ließ sich Achim von Arnim die bisher zusammengetragenen Märchen zeigen. Voller Begeisterung darüber inspirierte er die Brüder Grimm zur Herausgabe eines eigenen Märchenbandes. Er vermittelte auch den Kontakt zu dem Berliner Verleger Georg Andreas Reimer. Zu Weihnachten 1812 erschienen erstmals die *Kinder- und Haus-Märchen, Gesammelt durch die Brüder Grimm.* (Ein größerer Teil der Auflage von 900 Stück konnte jedoch erst 1813 ausgeliefert werden, weil sich die Manuskriptabgabe mehrfach verzögert hatte.)

Die Frau Viehmännin

Die Brüder Grimm sammelten weiter, fanden neue Gewährsleute und damit neue Märchen. Zu Hauptbeiträgern für den geplanten Zweiten Band der *Kinder- und Hausmärchen* wurden die Familien von Haxthausen und von Droste-Hülshoff im westfälischen Bökendorf sowie Catharina *Dorothea* Viehmann geb. Pierson (1755–1815) aus dem hessischen Zwehren, dem heutigen Kasseler Stadtteil **Niederzwehren**, der damals noch vor den Toren lag. Die Schwestern Julia und Charlotte Ramus, Töchter des Zweiten Predigers der französischen Gemeinde zu Kassel, in deren Haus am Frankfurter Tor die Viehmännin ihre landwirtschaftlichen Erzeugnisse feilgeboten hatte, vermittelten deren Bekanntschaft mit Jacob und Wilhelm Grimm: *Wir haben jetzt eine prächtige Quelle, eine alte Frau, die uns Ramus zugewiesen haben, aus Zwern, die unglaublich viel weiß und sehr gut erzählt, sie hat ein gescheidtes Gesicht und vor vielen Bauersleuten ein kluges feines Wesen,* berichtete Wilhelm Grimm im Sommer 1813. *Sie kommt fast alle Woche einmal und lädet ab, da schreiben wir an 3–4*

Stunden abwechselnd ihr nach und haben nun eine so schöne Fortsetzung, daß wir vielleicht einen zweiten Band liefern könnten, aber der Krieg [d. s. die Befreiungskriege] *hemmt alles. Die Frau kriegt jedesmal ihren Kaffee, ein Glas Wein und Geld obendrein, sie weiß es aber auch nicht genug zu rühmen und erzählt dann bei Ramus, was ihr all für Ehre wiederfahren sey, und sie habe ihr silbern Löffelchen beim Cafee gehabt so gut wie einer.* (Wilhelm Grimm an Ferdinand Grimm, 17.7.1813).

Bei ihren Besuchen in der Marktgasse 1813/14 hat *die Frau Viehmännin* den Grimms mindestens 37 Märchen und Märchenvariationen erzählt, immer Wort für Wort zum Mitschreiben, darunter viele bekannte und schöne Stücke wie *Der Teufel mit den drei goldenen Haaren, Die kluge Else* und *Die Gänsemagd.* Die Brüder waren so begeistert von ihrer *Märchenfrau*, dass sie die Schneidersgattin hugenottischer Herkunft zur *ächt* hessischen *Bäuerin* stilisierten, die wie keiner der anderen Gewährsleute den volkspoetischen Anspruch der Märchensammlung repräsentieren konnte. Ihr Porträt schmückte daher auch das Titelkupfer zum Zweiten Band der *Kinder- und Hausmärchen,* der zum Jahresende 1814 (mit der Datierung 1815) erschien.

Zu diesem Zeitpunkt wohnten die Geschwister Grimm schon nicht mehr in dem Haus in der Marktgasse. Sie hatten sich im Frühjahr 1814 zum Umzug entschlossen, weil der Hausbesitzer die Miete unverschämt auf 120 Taler erhöht hatte.

Es war einmal ...

Das Haus in der Marktgasse, seit 1885 geschmückt von einer Gedenktafel mit dem Reliefbild der *Märchenfrau* Dorothea Viehmann, wurde beim Bombardement der Stadt im Zweiten Weltkrieg total zerstört. In seiner Gegend ist heute, nach dem „Wiederaufbau" mit nüchternen Wohnblöcken im Stil der Nachkriegszeit, noch nicht einmal die alte Straßenführung nachvollziehbar. Wenigstens erinnert eine schlichte Hinweistafel an dem Wohnblock Wildemannsgasse 17 daran, dass hier einmal das viel verklärte „Märchenhaus der Brüder Grimm" stand.

DAS WOHNHAUS AM WILHELMSHÖHER TOR

Eine Weile hatten sich die Brüder Grimm mit Baugedanken getragen, die sie nicht zuletzt angesichts häufiger Feuersbrünste in der inneren Stadt verwarfen. So zogen sie Ende April 1814 in eine Mietwohnung am Wilhelmshöher Platz 1 (heute

Das Wohnhaus der Brüder Grimm am Wilhelmshöher Tor

Brüder-Grimm-Platz 1), in den zweiten Stock des nördlichen Wachgebäudes an dem Stadttor, wo die Allee zum Schloss Wilhelmshöhe beginnt. Die Wohnung lag nicht nur außergewöhnlich *still und ländlich*, sondern war auch ausgesprochen günstig: Die Geschwister mussten für die Sechs-Zimmer-Wohnung (zuzüglich zwei Dachstübchen) nur 40 Taler Miete an die Regierung zahlen.

Neu eingerichtet

Sofort nach der Wiederherstellung des Kurfürstentums Hessen im Spätherbst 1813 trat Jacob Grimm in den diplomatischen Dienst ein.

Als kurhessischer Legationssekretär (seit 23.12.1813) war er in den nächsten zwei Jahren viel unterwegs: Von Dezember 1813 bis Juli 1814 nahm er im Hauptquartier der Alliierten am Feldzug nach Frankreich teil und sorgte dann in Paris für die Rückführung der in napoleonischer Zeit verschleppten Kunstwerke, von September 1814 bis Juli 1815 war er zum Kongress in Wien delegiert, und von September bis Dezember 1815 wirkte er wiederum in Paris, diesmal im preußischen Auftrag, für die Rückführung geraubter Kulturgüter. Daheim in Kassel musste derweil Wilhelm Grimm, der seit 15. Februar 1814 als Sekretär an der

Kurfürstlichen Bibliothek angestellt war, den Umzug aus der Marktgasse allein mit der Schwester Lotte bewerkstelligen, zumal die jüngeren Brüder Carl und Ludwig Emil sich freiwillig zum Kriegsdienst gemeldet hatten.

Vom 28. auf den 29. April 1814 übernachteten Wilhelm und Lotte Grimm erstmals in der neuen Wohnung. Wenige Tage später berichtete Wilhelm dem Bruder nach Paris: *Das Haus ist das letzte in der Stadt nach der Wilhelmshöher Allee (...), es stehen Säulen davor und ist der Wache gerad gegenüber; es ist still und ländlich mit einer freien in der Abendsonne prächtigen Aussicht. Geräumig ist es, wenigstens ist so viel Platz als im Alten, eher mehr und da ietzt überall Ordnung ist, habe ich vieles gewonnen, z. B. eine Kammer habe ich blos für alte Bücher, Paquete, unser Hildebr(ands)l(ied) u. s. w. eingerichtet. Ich freue mich, wenn dir alles gefällt, freilich hatte das andere auch seine eigenen Vorzüge und in unserer Stube war alles so paßlich und darnach besonders eingefügt.* (Wilhelm Grimm an Jacob Grimm, 5.5.1814).

Effektiver Arbeitsplatz

Bald war die geschwisterliche Gemeinschaft wiederhergestellt. Jacob Grimm, obwohl schon für den Posten des kurhessischen Gesandtschaftssekretärs beim Bundestag in Frankfurt vorgesehen, nahm seinen Abschied von der Diplomatie. Er bevorzugte die Stelle als Zweiter Bibliothekar in der Kurfürstlichen Bibliothek, wo er seit 1. Mai 1816 arbeitete, zusammen mit dem Bruder Wilhelm, der schon seit zwei Jahren dort beschäftigt war.

In dem Haus am Wilhelmshöher Tor, wo seit 1817 auch der „Malerbruder" Ludwig Emil Grimm wieder mit den Geschwistern zusammen lebte, betrieben die Brüder Grimm ihre privaten Forschungen weiter. Hier schufen sie zunächst die Fortsetzung der *Kinder- und Hausmärchen* (2. Bd., 1815; 2. Aufl., 3 Bde., 1819/22) und die Edition ihrer Sammlung *Deutsche Sagen* (2 Bde., 1816/18). Gerade die Bearbeitung und Ergänzung der Märchensammlung wurde Wilhelm Grimm, der auch den unverwechselbaren Ton der Märchen prägte, immer mehr zur alleinigen Herzensaufgabe. Derweil begann Jacob Grimm in der Zeit am Wilhelmshöher Tor seine *Deutsche Grammatik* (4 Bde., 1819–37), die grundlegend für die vergleichende historische Sprachwissenschaft wurde.

„Deutsche Grammatik"

Seit dem Winter 1816 widmete sich Jacob Grimm mehr und mehr der Erforschung der deutschen Sprache. Nach Abschluss des zweiten *Sagen*-Bands ging er im Januar 1818 daran, seine Erkenntnisse in einer *Deutschen Grammatik* zusammenzuschreiben. Vierzehn Monate lang, bis März 1819, arbeitete er *streng und unablässig* an dieser neuartigen „Naturgeschichte der Sprache" (Georg Benecke), die – anders als frühere, normative Grammatiken – kein trockenes Regelwerk bieten, sondern die Entwicklung der Sprache im Vergleich der historischen Sprachstufen darstellen wollte.

Grimm, beseelt von einem ungeduldigen Forscherdrang, ließ das Werk eigentlich erst beim Schreiben entstehen, während gleichzeitig die fertigen Teile schon gedruckt wurden. Manche Entdeckungen machte der besessene Arbeiter erst, wenn er einen vermeintlich vollendeten Bogen bereits in die Druckerei nach Göttingen abschicken wollte. Trotz oder gerade wegen der unstrukturierten Produktionsweise geriet der 1819 erschienene erste Band der *Deutschen Grammatik* zum „Meisterwerk" (Georg Benecke) – und zum verlegerischen Erfolg. Binnen eines Jah-

Wilhelm Grimm
Bleistiftzeichnung von Ludwig Emil Grimm, 4.12.1814

res war die Erstauflage vergriffen. Heute besitzt das Brüder Grimm-Museum das Hand- und Arbeitsexemplar des Bandes von Jacob Grimm.

Jacob Grimm legte 1822 eine Neufassung des ersten Bandes vor, die sich ausschließlich mit der Lautlehre befasste. Darin benannte und beschrieb er erstmals die erste und die zweite *Lautverschiebung*, also den Wandel im Konsonantensystem vom Indogermanischen zum Hochdeutschen, wofür er auch das später nach ihm benannte „Grimm'sche Gesetz" formulierte.

Authentische Grimmstätte

Der neue Kurfürst Wilhelm II., bei dem die Brüder offensichtlich *schlecht angeschrieben* waren, ließ ihnen die Wohnung am Wilhelmshöher Platz im Dezember 1821 kündigen. Nach genau acht hier verlebten Jahren zogen sie am 29. April 1822 aus.

Heute ist das erhaltene Haus mit der beziehungsreich veränderten Adresse Brüder-Grimm-Platz 1 der Sitz des Hessischen Verwaltungsgerichtshofs. Für dessen Zwecke wurde der Bau innen im Stil der fünfziger Jahre völlig verändert und die ehemalige Woh-

Jacob Grimm als kurhessischer Legationssekretär
Zeichnung von Ludwig Emil Grimm, Juli 1815 (Ausschnitt)

nung der Geschwister Grimm zu einem großen Verhandlungssaal umgebaut. Eine Bronzetafel am Gebäude erinnert an die berühmten Mieter.

In einer Grünanlage unterhalb des Hauses befindet sich das **Brüder-Grimm-Denkmal** von Erika Maria Wiegand, das die Stadt Kassel auf Initiative des „Lions Club Kassel Brüder Grimm" mit Unterstützung der örtlichen Sparkasse 1985 aufstellen ließ. Es ist allerdings ziemlich unscheinbar, ja fast mickrig ausgefallen – vielleicht aus Angst vor Hanaus Rache. Denn eigentlich gilt zwischen den konkurrierenden Grimmstädten noch die alte Abmachung, wonach Hanau das Denkmal und Kassel das Museum für die Brüder Grimm zukommt.

Intermezzo zum Klang des Schmiedehammers

Schon wenige Wochen nach der Kündigung der alten Wohnung hatten die Brüder Grimm ein neues Domizil gefunden, *bei dem Schmied Gesner* in der Fünffensterstraße, wo sie am 29. April 1822 einzogen. Doch dort fühlten sich die Geschwister nicht wohl: Es war eng und düster und wegen der benachbarten Schmiede auch laut. Aus dem Fenster seines Arbeitszimmers, bemerkte Wilhelm Grimm traurig, blickte

er nicht mehr in die freie Natur, sondern nur auf Nachbarhäuser und *zwei kleine Eckchen Himmel.* Das Heim verlor noch an Behaglichkeit, als die Schwester Lotte nach ihrer Heirat mit dem Juristen Ludwig Hassenpflug, dem späteren kurhessischen Staatsminister, am 2. Juli 1822 die geschwisterliche Lebensgemeinschaft verließ. Schon nach zwei Jahren entschlossen sich die Brüder daher wieder zum Umzug: *In vier Wochen ziehen wir aus unserm engen Verschlag in die Bellevue, in eine der anmutigsten Wohnungen hier. Statt der Schmiedehämmer werden wir Nachtigallen hören.* (Jacob Grimm, 28.3.1824).

Das Wohnhaus in der Fünffensterstraße konnten Grimmforscher bereits vor dem Ersten Weltkrieg nicht mehr eindeutig lokalisieren: Edmund Stengel plädierte für das Hinterhaus von Nr. 7, Adolf Stoll für das Haus 129 1/2, das – wie Wilhelm Grimm einmal erwähnte – tatsächlich *gegenüber der Kaserne* lag. Beide Häuser aber waren offenbar damals schon verschwunden.

DAS WOHNHAUS AN DER BELLEVUE 9

Zu Anfang Mai 1824 zogen Jacob, Wilhelm und Ludwig Emil Grimm

Das Wohnhaus der Brüder Grimm an der Bellevue 9

in eine Wohnung im damaligen „Koch'schen Haus" an der Bellevue 9, der heutigen Schönen Aussicht 9, die mit dem herrlichen Blick über die Karlsaue ins weite Umland noch immer ihrem Namen alle Ehre macht. Die Lage brachte Wilhelm Grimm ins Schwärmen: *Wir haben (...) in der Bellvüestraße, wo es sonst nur große, für reiche Leute eingerichtete Wohnungen giebt, eine für uns passende gefunden. (...) Es stehen uns keine Häuser gegenüber; vor uns, unten im Grund, liegt die prächtige Aue und die Orangerie und ringsherum die nahe und ferne Bergkette, dazwischen der Strom, der mitten durch das Tal sich langsam fortzieht. Wie schön und rein ist der Duft des Morgens und Abends, wie prächtig der reiche Sternenhimmel und der aufgehende Mond! Dabei ist es fast immer still und nichts von dem Stadtlärmen zu hören. Eben da ich dies schreibe, an einem Sonntag Morgen, tönt noch das Geläute der Glocken zu meinem Fenster herein.* (Wilhelm Grimm an Jenny von Droste-Hülshoff, Sommer 1824).

Die Brüder bewohnten die zweite Etage: *Rechts habe ich mein Arbeitszimmer, links der Jacob, und nach dem Hof zu, weil er keine Sonne brauchen kann, hat der Louis sein Malzimmer,* schilderte Wilhelm Grimm zufrieden die Wohnung (Wilhelm Grimm an Paul Wigand, 20.5.1825). Kurz zuvor hatte er hier die Jugendfreundin Henriette *Dorothea* gen. Dortchen Wild (1795–1867) heimgeführt.

„Einer muss heiraten!"

Bis zu Lottes Heirat 1822 hatte keiner der Brüder an eine Ehe gedacht. Doch der Junggesellenhaushalt nahm nun einen *halbstudentischen* Charakter an, was Jacob Grimm mit Unbehagen registrierte. *Pflichten wie z. B. das Zusammensuchen und Aufschreiben der Wäsche*

Der Blick aus Wilhelm Grimms Zimmer an der Schönen Aussicht Aquarell von Ludwig Emil Grimm, 30.10.1827

waren ihnen allen bald lästig (Jacob Grimm an Friedrich Carl v. Savigny, 14.7.1822). „Einer muss heiraten!", so brachte ein Lustspiel über die Brüder Grimm aus dem Jahr 1853 diese Situation auf den Nenner. Jacob Grimm sagte jedoch im November 1824 seine zunächst erwogene Verbindung mit der entfernten Verwandten Luise Bratfisch auf.

Kurz darauf, zu Weihnachten 1825, verlobte sich Wilhelm Grimm mit Dortchen Wild. *[S]eine Braut ist ein uns allen angenehmes, willkommnes und redliches Mädchen (…)*, berichtete Jacob Grimm einem befreundeten Gelehrten. *In unserm Hauswesen wird es nur gute Folgen haben; denn es versteht sich und ist auf ältere, unverbrüchliche Übereinkunft (…) gegründet, daß wir Brüder zusammen wohnen bleiben und alles [Geld] zusammenwerfen.* (Jacob Grimm an Karl Lachmann, Januar 1825). Wilhelms und Dortchens Heirat am 15. Mai 1825 begründete „ein ruhiges Glück" (Hans-Georg Schede), das den Wünschen aller Beteiligten offenbar entsprach. *Ich glaube nicht, dass ich, wie man sagt, in Flitterwochen lebe*, schrieb der frisch gebackene Ehemann, *aber ich habe das Vorgefühl, dass ich mein Lebtag glücklich sein werde, wie ich es seit*

acht Tagen bin. (Wilhelm Grimm an David Theodor August Suabedissen, Mai 1825).

Rekonstruierte Grimmstätte

Das Haus Bellevue 9 wurde im Zweiten Weltkrieg teilweise zerstört, erst kürzlich (2002) denkmalgerecht wiederhergestellt und in Eigentumswohnungen aufgeteilt. In der (nicht frei zugänglichen) Toreinfahrt erinnert eine großformatige Tafel daran, dass die Brüder Grimm von 1824 bis 1826 in diesem Haus wohnten.

Gleiche Aussichten

Im Frühjahr 1826 zogen die Grimms in derselben Straße ein paar Häuser weiter, in das Haus Bellevue 6 (später Schöne Aussicht 7) an der Ecke zur Georgenstraße (der heutigen Hugenottenstraße), wo sie wiederum das zweite Stockwerk bewohnten. Weiterhin konnten sie so den lieb gewordenen Ausblick genießen: „Eine schönere Landschaft, als den Grimms täglich vor Augen liegt, kann man kaum denken", meinte auch der Dichterfreund Achim von Arnim.

Die wachsende Grimmgemeinschaft

Dieser erneute Wohnungswechsel war wohl auch aus Platzgründen er-

forderlich, da die Grimmgemeinschaft jetzt wieder stetig wuchs. Seit 1826 lebte auch der aus Hamburg zurückgekehrte Bruder Carl Grimm mit im Haushalt, zu dessen Budget er durch eine Tätigkeit als Sprachlehrer für Englisch und Französisch beitrug.

Am 3. April 1826 wurde Wilhelm und Dorothea Grimm das erste Kind geboren, der nach seinem Onkel und Paten benannte Sohn Jacob, dessen Tod im Alter von acht Monaten (15.12.1826) ein Schock für die ganze Familie war. Ein gutes Jahr später, am Sonntag, den 6. Januar 1828, morgens um 11 Uhr, erblickte an der Bellevue 6 der zweite Sohn *Herman* Friedrich das Licht der Welt. Die beiden weiteren Kinder des Ehepaars Grimm, *Rudolf* George Ludwig (* 31.3.1830) und *Auguste* Luise Pauline Marie (* 21.8.1832), wurden bereits in Göttingen geboren.

Andere Aussichten

Im Haus Bellevue 6 wohnten die Brüder Grimm bis zu ihrem Abschied nach Göttingen. Während dieser dreieinhalb Jahre konnten sie wiederum wichtige Werke vollenden: Jacob Grimm sein Kompendium *Deutsche Rechtsaltertümer* (1828), Wilhelm Grimm sein wis-

Das Museum Fridericianum am Friedrichsplatz
Handkolorierter Stahlstich
von E. Grünewald nach einer Zeichnung
von August Wenderoth, 1839

senschaftliches Hauptwerk *Die deutsche Heldensage* (1829). Am 27. Dezember 1829 brachen die beiden Brüder nach Göttingen auf, um dort zum Jahresbeginn ihre neuen Stellen anzutreten, und am 19. Januar 1830 holte Wilhelm Grimm auch Frau und Kind nach. Der Bruder Ludwig Emil Grimm übernahm den Kasseler Haushalt. Einige Jahre später, nach ihrer Göttinger Amtsenthebung 1837, sollten die Grimms noch einmal in das Haus Bellevue 6 einziehen.

DAS MUSEUM FRIDERICIANUM

Im Museum Fridericianum, einem klassizistischen Museumsbau am Friedrichsplatz, befand sich die Arbeitsstätte der Brüder Grimm, die Kurfürstliche Bibliothek, an der Wilhelm Grimm seit 15. Februar 1814 als Bibliothekssekretär und Jacob Grimm seit 1. Mai 1816 als Zweiter Bibliothekar angestellt waren. *Die Bibliothek ist jeden Tag drei Stunden geöffnet*, berichtete

Jacob Grimm über den dortigen Dienst, *alle übrige Zeit konnte ich nach Lust studieren, und wurde nur durch kleine Nebenämter, wie das mir größtentheils aufgebürdete censorische, aber nicht bedeutend gestört.* (Jacob Grimm: Selbstbiographie).

Hessische Handschriften

Natürlich nutzten die Brüder Grimm die Bibliothek auch zum eigenen Quellen- und Literaturstudium. Bereits vor ihrer amtlichen Tätigkeit dort publizierten sie das Hildebrandslied. Dieses einzige Zeugnis der deutschen Heldendichtung stammt aus einer hessischen Handschrift: Es ist fragmentarisch auf den Außendeckeln eines Kodex überliefert, der um 833 wahrscheinlich im Kloster Fulda entstand und seit dem 17. Jahrhundert in der Bibliothek in Kassel aufbewahrt wird. 1812, vor Erscheinen der *Kinder- und Hausmärchen*, widmeten *die Brüder Grimm* dem *Lied von Hildebrand und Hadubrand* ihre erste gemeinsame Publikation. Darin wiesen sie nach, dass der Text – entgegen der bisherigen Forschungsmeinung – nicht in Prosa, sondern in Stabreimen abgefasst ist.

Später wählte insbesondere Wilhelm Grimm für seine Editionen alt- und mittelhochdeutscher Texte bevorzugt Handschriften und Stoffe aus der hessischen Überlieferung. Noch während der Kasseler Jahre gab er *Graf Rudolf* (1828) heraus, einen fragmentarisch überlieferten frühhöfischen Kreuzzugsroman aus dem 12. Jahrhundert, der im mitteldeutschen, wenn nicht gar hessischen Dialekt niedergeschrieben ist. Angesichts des bevorstehenden Abschieds von der Kasseler Bibliothek und ihren Beständen besorgte er, nicht ohne eine gewisse Wehmut, eine Faksimileausgabe des Hildebrandslieds (1830), die heute ein wichtiges Dokument für den damaligen Erhaltungszustand der Handschrift ist. Selbst in den Berliner Jahren befasste sich Wilhelm Grimm noch aus innerer Anhänglichkeit an sein altes Vaterland gern mit hessischen Handschriften, um sie germanistisch zu erschließen. So edierte er 1848 die *Glossae Cassellanae* aus dem frühen 9. Jahrhundert, das erste überlieferte Reisehandbuch überhaupt, das einem Romanen anhand einer Liste umgangssprachlicher althochdeutscher Sätze die Verständigung in Bayern ermöglichte.

„Der entschluß ist uns schwer geworden"

In seiner 1830 entstandenen *Selbstbiographie* blickte Wilhelm Grimm auf die Zeit in der Kurfürstlichen Bibliothek zurück: *Dankbar haben wir die glückliche Zeit genossen, wo wir eine willkommene und belehrende Beschäftigung in dem pünktlich verwalteten Amte fanden, daneben Musse zum Studieren und zur Ausführung mancher litterarischer Pläne. Wir dachten nicht, dass wir je diese Stellung aufgeben würden (...).*

Doch nach 15 bzw. 13 ruhigen Amtsjahren sahen sich die Brüder Grimm plötzlich zur Kündigung veranlasst. Bei der anstehenden Stellenneubesetzung nach dem Tod des Bibliotheksdirektors Johann Ludwig Völkel am 31. Januar 1829 wurden die beiden bisherigen Bibliothekare offenkundig und absichtlich missachtet. Damit hatten sie nicht gerechnet. In der *Überzeugung*, dass sie in Kassel für ihre Familie und ihr Alter *keine Versorgung finden würden*, und in dem *kränkende(n) Gefühl, das unverdiente Zurücksetzung erregt und sich nicht ganz unterdrücken läßt*, entschlossen sich Jacob und Wilhelm Grimm schweren Herzens, *dem geliebten vaterlande zu entsagen* und *einem ehrenvollen rufe nach Göttingen zu folgen*. Ihren Abschied aus dem kurhessischen Dienst zu Anfang November 1829

erhielten sie *an demselben Tage, wo [sie] das Gesuch darum einreichten.*

Zum Jahresbeginn 1830 gingen die mittlerweile überregional renommierten Gelehrten nach Göttingen, das damals im Königreich Hannover und damit im benachbarten Ausland lag. An der dortigen Universität wirkte Jacob Grimm künftig als Zweiter Bibliothekar und ordentlicher Professor der Philosophie, Wilhelm Grimm zunächst als Unterbibliothekar und später (1831/35) auch als außerordentlicher, dann ordentlicher Professor der Philosophie. Seine bewegende Antrittsvorlesung am 13. November 1830 hielt Jacob Grimm bezeichnenderweise *De desiderio patriae* („Über die Heimatliebe"): *Denn wer glaubt wohl wirklich, er könne seine Heimat wie ein Kleidungsstück wechseln und, nachdem er das alte abgelegt, ein neues, schöneres anziehen?*

Gipsköpfe

Die spätere Kurhessische Landesbibliothek schmückte sich wieder gern mit den Brüdern Grimm: In ihrem Lesesaal war bis zur Zerstörung des Museums Fridericianum 1943 der Gipsabguss des Hanauer Grimmdenkmals von Syrius Eberle aufge-

stellt. (Es handelte sich dabei um das Gussmodell, aus dessen Verkauf nach Kassel das Schmuckgitter um das Originaldenkmal in Hanau finanziert wurde.) Aus dem Schutt des ausgebrannten Museumsgebäudes wurden wenigstens die Köpfe des Gipsdenkmals geborgen, die sich heute im Brüder Grimm-Museum befinden.

Das wiederaufgebaute Museum Fridericianum dient als Ausstellungshaus für moderne und „documenta"-Kunst. Die Landesbibliothek ist heute mit der Murhard'schen Bibliothek in einem Gebäudekomplex am Brüder-Grimm-Platz vereint und zur Universitätsbibliothek erweitert. In deren Schatzkammer kann die Originalhandschrift des Hildebrandslieds auf Anfrage besichtigt werden. In dem Bibliothekskomplex sind auch das Archiv und die Bibliothek des Brüder Grimm-Museums untergebracht.

DAS SCHLOSS SCHÖNFELD

Das Schloss Schönfeld, ursprünglich als Sommersitz des Grafen Schönfeld 1777 errichtet, kannten die Brüder Grimm schon aus der Zeit, als das südwestlich vor der Stadt gelegene

Anwesen mit seinem weitläufigen Park dem Bankier Karl Jordis und dessen Frau Lulu geb. Brentano gehörte. Damals, zwischen 1806 und 1809, waren die Romantiker um die Geschwister Brentano hier öfter zu Gast. Brentano, Arnim und die Brüder Grimm sollen in dem Schlösschen sogar die Sammlung „Des Knaben Wunderhorn" vollendet haben, was sich aber bisher nicht belegen ließ.

Im Schönfelder Kreis

Am 1. Mai 1821 schenkte der neue Kurfürst Wilhelm II. seiner ungeliebten Gattin Auguste (1780–1841)

das Schloss Schönfeld, das künftig als Sommersitz der Kurfürstin auch den vielsagenden Namen „Augustenruhe" trug. Während der Kurfürst seine langjährige Geliebte Emilie Ortlepp zur Gräfin Reichenbach erhob und mit den Kindern aus dieser Verbindung ins Schloss Wilhelmshöhe holte, machte die kulturell interessierte Kurfürstin das idyllische Schönfeld zu ihrem „Musenhof". Hier versammelte sie Oppositionelle, Wissenschaftler und Künstler um sich, den „Schönfelder Kreis", den nicht nur musische Neigungen, sondern auch die Ablehnung des

Besuch der Familie Grimm bei Kurfürstin Auguste auf Schloss Schönfeld („Augustenruhe"): Prinzessin Marie, Wilhelm Grimm, Prinzessin Caroline, Kurfürstin Auguste, Jacob Grimm, Ludwig Emil Grimm und dessen Tochter Ideke (v.li.n.re.) am Teetisch im Park
Federzeichnung von Ludwig Emil Grimm, 25.8.1840

Kurfürsten, seiner Politik und seines skandalösen Privatlebens verbanden. In diesem Kreis verkehrten auch die Brüder Jacob, Wilhelm und Ludwig Emil Grimm. Zudem gab Wilhelm Grimm dem Kurprinzen Friedrich Wilhelm, durchaus mit Billigung des Vaters, eine Zeit lang Geschichtsunterricht.

Am 13. Juni 1823 zerschlug der Kurfürst durch die demonstrative Strafversetzung von vier Offizieren den Schönfelder Kreis. Danach wurde es ruhig auf dem Schlösschen. Doch die Brüder Grimm blieben der Kurfürstin selbst während deren Exil in Bonn und Fulda (1826–1831) verbunden. Als Jacob und Wilhelm Grimm sie über den Abschied aus hessischen Diensten und den bevorstehenden Wechsel nach Göttingen unterrichteten, antwortete die Kurfürstin voll herzlicher Teilnahme – und in weiser Voraussicht: „Wenn ich mich aber betrübe, dasz sie beide für Hessen vielleicht auf immer verloren sind, freue ich mich anderseits, dasz vermöge der neuen Anstellung ihre Verdienste desto mehr im gemeinsamen teutschen Vaterland glänzen werden, wovon doch auch einige Strahlen auf ihr ursprüngliches zurückfallen." (Kurfürstin Auguste von Hessen an Wilhelm Grimm, 18.11.1829).

Auch während der Göttinger Jahre riss der Kontakt nicht ab. Die Kurfürstin übernahm sogar die Patenschaft für Wilhelm Grimms Tochter *Auguste* Luise Pauline Marie, die am 21. August 1832 in Göttingen geboren wurde. Noch während des Kasseler „Interims", zuletzt im Sommer 1840, besuchten die Brüder Grimm mit der ganzen Familie die Kurfürstin auf Schönfeld, was der „Malerbruder" Ludwig Emil Grimm zeichnerisch festgehalten hat.

Augustes Residenz, die sich seit 1906 in städtischem Besitz befindet, lag jahrzehntelang verwahrlost, bis ein Bürgerverein 1989 die Initiative zur Sanierung ergriff. Seit 1992 erstrahlt Schloss Schönfeld in neuem Glanz. Es ist Sitz seines Trägervereins, der sich als „Forum der freien Aussprache zwischen Wirtschaft, Politik, Wissenschaft und Kunst" versteht, und beherbergt in seinem öffentlichen Teil ein Restaurant.

„Großer Verlust!"

Durch die Nähe zum Schönfelder Kreis waren die Brüder Grimm in Misskredit bei ihrem Landesherrn geraten, was auch der Grund für ihre Zurücksetzung bei der Stellenvergabe in der Kurfürstlichen Bibliothek 1829 gewesen sein dürfte. Als Wilhelm II. von ihrem daraufhin eingereichten Abschiedsgesuch erfuhr, soll er zynisch ausgerufen haben: „Die Herren Grimms gehen weg! Großer Verlust! Sie haben nie etwas für *mich* getan!"

DER ALTSTÄDTISCHE FRIEDHOF AN DER LUTHERKIRCHE

Der Abschied nach Göttingen fiel den Brüdern Grimm auch deshalb so schwer, weil sie die Gräber ihrer verstorbenen Angehörigen verließen. *[D]ie Anhänglichkeit an Caßel (...) wird niemals erlöschen*, schrieb Wilhelm Grimm, *Mutter und Kind*

Das Grab der Mutter Dorothea Grimm

liegen da unter der Erde. (Wilhelm Grimm an Kurfürstin Auguste von Hessen, 2.11.1829).

Das Grab der 1808 verstorbenen Mutter Dorothea Grimm befindet sich auf dem fragmentarisch erhaltenen Altstädtischen Friedhof an der (erst später erbauten und heute als Café genutzten) Lutherkirche, und zwar nordöstlich der Kirche an der heutigen Lutherstraße. Es war bereits eingeebnet, wurde aber zum 100. Todestag 1908 wiederhergestellt. An der Seite von Dorothea Grimm wurden drei im Kleinkindalter verstorbene Enkelkinder beigesetzt, Lottes Töchter Agnes (1825–1826) und Bertha (1829–1830) sowie Wilhelms Sohn Jacob (* und † 1826), an die jedoch kein eigener Grabstein erinnert. Das Grab der 1815 verstorbenen Henriette Zimmer, der Schwester Dorotheas, lag in derselben Reihe. Nachdem Wilhelms Plan, ein eisernes Grabkreuz für die Tante gießen zu lassen, nicht verwirklicht wurde, war es aber schon bald nicht mehr aufzufinden.

Links neben Dorothea Grimm, nur etwas zurückgesetzt, ist ihre am 15. Juni 1833 verstorbene Tochter Lotte Hassenpflug geb. Grimm begraben. Auf dem Grabdenkmal mit einem knienden, das Kreuz halten-

den Bronzeengel steht ihr Name umkränzt von Rosen, ihrer Lieblingsblume, und vor dem Sandsteinsockel blühte früher im Sommer auch ein riesiger Rosenstock. Die Brüder, die beim Tod der geliebten kleinen Schwester schon in Göttingen wohnten, haben das von dem befreundeten Bildhauer Werner Henschel geschaffene Grabmal erst 1843 setzen lassen. Der Entwurf dafür stammte vom Bruder Ludwig Emil Grimm, der kurz zuvor seiner Frau Marie Grimm geb. Böttner ein ähnliches Grabmal gewidmet hatte. Es befindet sich auf demselben

Friedhof, nahe beim Westportal der Kirche, rechts vom Weg in Richtung Rudolf-Schwander-/Lutherstraße. Auch das Grab von Wilhelms Frau Dortchen in Eisenach sollte später übrigens derselbe Engel schmücken.

Links neben Lottes Grab ist außerdem die Grabstätte von Lottes Schwiegereltern, dem Regierungspräsidenten Johannes Hassenpflug und seiner Frau Maria Magdalena geb. Dresen, erhalten.

Ich kann niemand sagen, wie mir zumute war, als ich noch denselben Abend in der Dunkelheit an den ehemaligen verschiedenen Wohnungen vorüberging und das Licht fremder Menschen in den wohlbekannten Stuben sah. Mich deuchte, ich hätte schon länger als hundert Jahre gelebt.
Wilhelm Grimm
von seinem ersten Besuch
aus Göttingen in Kassel
an Karl Hartwig Gregor Frh. v.
Meusebach, Herbst 1830

Das Grab der Schwester Lotte Hassenpflug geb. Grimm

Tourist-Information im Rathaus
Obere Königsstraße 8
34117 Kassel
Tel. 05 61/70 77-07
www.kassel-tourist.de
Turnusführungen (zu bestimmten Terminen) und Sonderführungen (auf Anfrage) auf den Spuren der Brüder Grimm durch Kassel werden angeboten.

Die Märchen haben uns bei aller Welt bekannt gemacht.

Wilhelm Grimm
an Jacob Grimm, 14.10.1815

Dorothea Viehmann
Radierung von Ludwig Emil Grimm, 1819

Um die unzähligen **Märchenorte** in Hessen kommt keiner herum, der auf den Spuren der Brüder Grimm unterwegs ist. Bei aller „Romantik" dieser Ferienziele: Die meisten haben gar nichts mit den Brüdern Grimm und auch nichts mit deren Märchen zu tun. Sie alle, zuerst wohl das „Dornröschenschloss" **Sababurg**, haben sich ihren märchenhaften Status aus naheliegenden Gründen selbst verliehen. Doch lassen sich die *Kinder- und Hausmärchen* der Brüder Grimm nicht fest verorten. Auch nicht in ihrem hessischen Entstehungsland. Grimms Märchen haben europäische Wurzeln und sind weltweit verbreitet wie kein anderes deutsches Buch. Es ist einer ihrer wichtigsten Wesenszüge, dass sie – um es einmal gar nicht „grimmisch" auszudrücken – eben keine lokale, sondern eine globale Geschichte erzählen. Ihre Figuren sind überall und nirgends zu Hause. Und eigentlich ist es ja auch gut so, dass jedes Kind auf der ganzen Welt glauben kann, der Rotkäppchenwald liege genau vor seiner eigenen Haustür.

Wer sein persönliches Märchenland also in Hessen und Umgebung entdecken möchte, wird von der 1975 in Steinau gegründeten Arbeitsgemeinschaft **Deutsche Märchenstra-** ße bestens beraten. Deren Büro in Kassel erschließt und betreut touristisch eine 600 Kilometer lange Ferienroute von Hanau, dem Geburtsort der Brüder Grimm, bis nach Bremen, dem Ziel der Stadtmusikanten. Die mehr als 70 angegliederten Städte, Gemeinden und Landkreise bieten ein vielfältiges Programm.

Durch die Region Kassel führt zudem der **Märchenlandweg**, ein fast 400 Kilometer langer markierter Wanderweg, der 32 Städte und Kommunen verbindet. Jeder Ort am Weg präsentiert das Motiv aus einem Märchen oder einer Sage seiner Wahl. Alljährlich in den Sommermonaten wird auch „Märchentheater am Märchenlandweg", eine Veranstaltungsreihe mit dem „Kindertheaterbürooo Kassel", angeboten.

Auch wenn Hessen als Heimat von Märchenfiguren nicht „wirklich" besteht, so bleibt es doch Heimat von Märchenerzählern, der Quelle, ohne die die Sammlung der Grimm'schen Märchen so nicht existierte. Von den authentischen Lebensorten der Märchengewährsleute lässt sich durchaus ein historisch-biographischer Faden zu Jacob und Wilhelm Grimm spinnen. Das eigene „Mär-

chenhaus" der Brüder in der Marktgasse in Kassel ist untergegangen.
Doch es gibt noch wenige echte **Mär-
chenhäuser,** wo die ursprünglichen
Erzähler der *Kinder- und Hausmärchen* lebten oder museal präsent
sind.

MARIE HASSENPFLUG
VERH. VON DALWIGK

war lange gar nicht als Märchenbei-
trägerin der Brüder Grimm bekannt. Unter dem Märchen vom
Dornröschen hat Wilhelm Grimm in
seinem Handexemplar der Ausgabe
von 1812 notiert: *Von der Marie.*
Sein Sohn Herman Grimm wollte
darin die alte Kinderfrau Marie
Müller geb. Clar aus dem Elternhaus
seiner Mutter Dortchen erkannt
haben. Erst 1975 hat der Märchen-
forscher Heinz Rölleke nachgewie-
sen, dass jene „Alte Marie" in Wirklichkeit die junge und sehr hübsche
Marie Hassenpflug war.

Als älteste Tochter des kurhessischen Amtmanns und späteren
Regierungspräsidenten Johannes
Hassenpflug wurde Maria Magdalena
Elisabeth gen. *Marie* Hassenpflug
am 27. Dezember 1788 in Altenhaß-
lau bei Gelnhausen geboren. Sie
wuchs zunächst in Hanau, dann seit
1798 in Kassel auf. Dort lernte sie

1808 die Brüder Grimm kennen,
zu deren „Lesegesellschaft" in der
Marktgasse sie bald auch ihre jüngeren Schwestern Johanna Isabella
gen. *Jeanette* und Amalie gen. *Malchen* mitbrachte. So gehörten die
Schwestern Hassenpflug zu den
Märchenbeiträgerinnen der ersten
Stunde. Beim Erzählen schöpften sie
aus der französischen Tradition
ihrer Mutter, die hugenottischer
Abstammung war.

Seit ihrer Hochzeit mit dem Haupt-
mann Johann Friedrich von Dalwigk
zu Schauenburg 1814 lebte Marie
zeitweise auf dem bis heute erhaltenen **Oberhof an der Korbacher
Straße in Hoof** am Habichtswald.
Noch 1828 übersandte sie den
Grimms letzte Märchenbeiträge. Bis
zu ihrem Tod am 21. November
1856 in Kassel riss ihre Verbindung
zu den Brüdern nicht ab, zumal die
Familien durch die Heirat von Lotte
Grimm (der Schwester der Brüder
Grimm) und Ludwig Hassenpflug
(dem Bruder der Schwestern Hassenpflug) seit 1822 verschwägert
waren.

Die Schwestern Hassenpflug haben
den Brüdern Grimm mindestens 50
Märchen und Märchenvariationen
erzählt. Von Marie stammen nachweislich knapp 20, wahrscheinlich

aber mehr Stücke, darunter die schönsten und bekanntesten des ersten Bandes der *Kinder- und Hausmärchen*, wie *Dornröschen, Sneewittchen, Rotkäppchen, Brüderchen und Schwesterchen* und *Daumerlings Wanderschaft*. Maries *Der goldene Schlüssel* schließt traditionell die Grimm'schen Märchen ab.

FRIEDRICH KRAUSE

ist ein außergewöhnlicher Märchenbeiträger der Brüder Grimm: Der pensionierte Dragonerwachtmeister befindet sich mitten in einem Kreis junger Damen, die die meisten der *Kinder- und Hausmärchen* für den ersten Band erzählten.

Am 13. August 1747 wurde Johann *Friedrich* Krause als Schulmeistersohn in Breitenbach geboren. Als Mitglied der Garde du Corps und der Leibdragoner des Landgrafen brachte er es bis zum Quartiermeister, einer Art Stabsfeldwebel, bis er 1795 wegen Dienstunfähigkeit aufgrund einer Hüftfistel pensioniert wurde. Seitdem führte er in Hoof das kümmerliche und einsame Leben eines Invaliden. Wahrscheinlich über die Familie von Dalwigk oder über Marie Hassenpflug lernte er die Brüder Grimm kennen, für die er 1811 auch die Gespräche in

den Spinnstuben zu Hoof aufzeichnete. Als Lohn für seine Dienste erhielt er stets ausrangierte Hosen von Wilhelm Grimm. (Jacobs Hosen wären dem Dragoner viel zu klein und kurz gewesen.) Bis zu seinem Tod fragte er noch gelegentlich bei seinen „Libe-Herren-Wohldäter[n]" nach abgelegten Beinkleidern nach. Am 14. März 1828 starb Friedrich Krause in Hoof. In seinem Geburtsort, dem heutigen Schauenburg-Breitenbach, trägt inzwischen eine Grundschule seinen Namen.

Friedrich Krause lieferte sechs Vorlagen für den ersten Band der *Kinder- und Hausmärchen*, und zwar *Die drei Schlangenblätter, Der alte Sultan, Von der Serviette, dem Tornister, dem Kanonenhütlein und dem Horn, Herr Fix und Fertig (Die Bienenkönigin), Der König vom goldenen Berge* und *Der gelernte Jäger.* Wilhelm Grimm kündigte Krauses Beiträge dem Freund Achim von Arnim an: *Du wirst noch manches neue finden, ein paar ganz eigenthümlich soldatische von einem alten Dragonerwachtmeister, gegen alte Kleider eingetauscht, werden Dir Vergnügen machen.* (Wilhelm Grimm an Achim v. Arnim, 26.9.1812).

Die **Schauenburger Märchenwache** erinnert an die beiden Märchenbei-

lesen, wenn man sich wie das *Brüderchen* und das *Schwesterchen* im Märchen tief über den Brunnen beugt: im Wasserspiegel.

Betrieben von einem Förderverein und der Gemeinde Schauenburg, bietet die Märchenwache zudem vielfältige kulturelle Veranstaltungen und einen „GrimmsKramsLaden", in dem auch die hauseigenen, von Albert Schindehütte bibliophil gestalteten Märcheneditionen und Publikationen (etwa aus der Reihe „Breitenbacher Bilderblättchen") zu erwerben sind.

träger Marie Hassenpflug und Friedrich Krause, die in den heute zu Schauenburg gehörenden Ortsteilen Hoof und Breitenbach lebten. Der in Breitenbach geborene Zeichner, Holzschneider und Kalligraph Albert Schindehütte hat das kleine und feine Museum in einer ehemaligen Feuerwache 1997 eingerichtet. Eine besondere Attraktion sind die vier 170 x 250 cm großen Riesenholzschnitte des Künstlers, deren geschwärzte und dann abgeschliffene Druckstöcke den Turm und den Eingangsbereich des Gebäudes zieren. Am Brunnen vor der Märchenwache steht Maries Märchen *Die Wassernix* auf einer Texttafel – kopfüber und spiegelverkehrt. Man kann es nur

CATHARINA *DOROTHEA* VIEHMANN GEB. PIERSON

wurde am 8. November 1755 im Gasthaus zum Birkenbaum in Rengershausen (heute Baunatal-Rengershausen) geboren. Das Haus, kurz vor Kassel direkt an der Landstraße von Frankfurt gelegen, wird auch die „Knallhütte" genannt, weil vor der dortigen Steigung früher die Fuhrleute mit der Peitsche knallten, um weitere Pferde zur Verstärkung anzufordern.

Da der Vater, der Gastwirt Johann Friedrich Isaak Pierson, hugenottischer Herkunft war, wurde in der Familie französisch gesprochen. Doro-

thea absolvierte als Klassenbeste die Schule in Rengershausen. 1777 heiratete sie den Schneider Nikolaus Viehmann, mit dem sie in Niederzwehren lebte und sechs Kinder hatte. Den kärglichen Lebensunterhalt der Familie versuchte die Viehmännin dadurch aufzubessern, dass sie Erzeugnisse aus ihrem Garten in Kassel zu Markte trug. Dort lernte sie im Frühjahr 1813 die Brüder Grimm kennen, die sie zwei Jahre lang mit Märchen belieferte. Nach mehrmonatiger Krankheit starb Dorothea Viehmann am 17. November 1815. Wohl wegen des Verlusts ihrer wichtigen Beiträgerin konnten die Brüder Grimm die *Kinder- und Hausmärchen* nicht mit einem dritten Band fortsetzen.

Die Viehmännin hat den Brüdern Grimm mindestens 37 Märchen und Märchenvarianten erzählt, darunter *Die Bremer Stadtmusikanten, Sechse kommen durch die ganze Welt, Die kluge Bauerntochter, Doktor Allwissend, Der arme Müllersbursch und das Kätzchen* und *Hans mein Igel*.

Die Brauwirtschaft **Knallhütte**, seit ihrer Gründung 1752 in Familienbe-

Der dritte der vier Riesenholzschnitte von Albert Schindehütte, 1998

sitz, besann sich bereits in den 1970er Jahren auf ihre Tradition als Geburtshaus von Dorothea Viehmann, womit sie seitdem gastronomisch erfolgreich ist. Die Gasträume wurden kürzlich unter dem Motto „Es war einmal ...", etwa mit Märchenscherenschnitten von Luise Neupert, neu gestaltet. Hier tritt, zur samstäglichen Märchenstunde und auf besondere Bestellung, die Viehmännin sogar leibhaftig auf. Im Biergarten, wo das hauseigene Bier der Hütt-Brauerei im Sommer ausgeschenkt wird, steht ein Brunnen mit einer Betonskulptur der *Märchenfrau*, den ihr ihre Nachfahren

zum 250. Geburtstag 2005 widmeten. Alljährlich feiert die Knallhütte den Geburtstag der Viehmännin im November und ein großes Brauereifest zum „Dorothea-Viehmann-Wandertag" an Fronleichnam.

In **Niederzwehren**, das heute zu Kassel eingemeindet ist, bemüht sich eigens ein 1954 gegründeter Heimatverein „Dorothea Viehmann" um deren Andenken. Im **Märchenviertel** steht ein Wohnhaus der Viehmännin im Märchenweg 11. Es ist mit einer Porträtbüste der *Märchenfrau* gekennzeichnet. Außerdem erinnern eine Gedenktafel an ihrem

Das Wohnhaus der Viehmännin im Märchenweg 11 in Niederzwehren

(nicht original erhaltenen) späteren Wohn- und Sterbehaus in der Brüder-Grimm-Straße 46 und ein Gedenkstein vor dem Friedhof an der Matthäuskirche an Dorothea Viehmann. An der Fassade der nach ihr benannten Schule in Niederzwehren ist sie auf einem Relief der Bildhauerin Erika Maria Wiegand (2004) abgebildet.

WILHELMINE VON SCHWERTZELL

hat zu der Grimm'schen Märchensammlung wohl kaum beigetragen. Die früher ihr zugewiesenen Texte (etwa *Der Gevatter Tod* und *Jorinde und Joringel*) wurden inzwischen anderen Gewährsleuten (nämlich Marie Wild und Ferdinand Siebert) zugeschrieben. Mit der „Märchenminna" aus Willingshausen hat die Schwalm eine weitere Märchenerzählerin verloren, nachdem schon die in Ziegenhain beheimatete „Alte Marie" zur „stummen" Kinderfrau degradiert wurde. Desillusionierend auch, dass das *Rotkäppchen* seine auffällige Kopfbedeckung bereits im französischen Vorbild von Charles Perrault („Petit Chaperon Rouge", 1697) trug und den Weg zu den Brüdern Grimm in zwei Fassungen von Jeanette und Marie Hassenpflug *aus den Maingegenden* fand,

Das Schloss der Familie von Schwertzell in Willingshausen (Blick aus dem Malerstübchen)

wo doch sein rotes Käppchen so schön auf die Schwälmer Tracht passen würde. Geblieben sind aber zwei wichtige Märchenbeiträger aus der Schwalm: die Pfarrerstochter Friederike Mannel verh. Theobald (1783–1833) aus Allendorf an der Landsburg und der Pfarramtskandidat Ferdinand Siebert (1791–1848) aus Treysa. Für sie hat sich noch kein Ort zur Erinnerung gefunden.

Das **Schloss der Familie von Schwertzell in Willingshausen** behauptet sich – auch nach der Entthronung der „Märchenminna" – als Grimmstätte. Mit dem Schul- und Studienkameraden Friedrich von Schwertzell wanderte Jacob Grimm bereits während der Marburger Universitätsjahre 1803 nach Willingshausen, wo die Kommilitonen eine Schwälmer Bauernhochzeit auf dem Schloss miterlebten. Später entwickelten Wilhelm und Ludwig Emil Grimm eine herzliche Freundschaft zu der Familie von Schwertzell, als deren Gäste sie häufig in Willingshausen waren. Wilhelmine (1790–1849), Friedrichs Schwester, die eifrig mit Wilhelm korrespondierte (wovon 75 Briefe und acht Billetts von ihrer Hand zeugen), berichtete dem Kasseler Freund auch gleich von dem angeblichen Runenstein, der im Herbst 1817 auf dem Schlossgut in Willingshausen entdeckt worden war. Dieser Fund veranlasste Wilhelm Grimm zu seiner Schrift *Über deutsche Runen* (1821) – obwohl er die Inschrift auf dem Willingshäuser Stein schon bald für *zufälliges Gekritzel* hielt (Wilhelm Grimm an Johann Heinrich Christian Bang, 22.1.1818). Tatsächlich erwiesen sich diese „Runen" 1936 als jahrmillionenalte versteinerte Wurmspuren.

Das Renaissanceschloss der Familie von Schwertzell ist bis heute in Privatbesitz und daher nicht zugänglich. Doch aus einem Fenster des Museums **„Malerstübchen"** im benachbarten Gerhardt-von-Reutern-Haus lässt sich wenigstens ein Blick darauf werfen. Das Museum erinnert insbesondere an die Willingshäuser Malerkolonie. Diese wohl erste deutsche Freiluftmalerkolonie hat der baltendeutsche Maler Gerhardt von Reutern, der Mann von Wilhelmines und Friedrichs jüngster Schwester Charlotte von Schwertzell, zusammen mit Ludwig Emil Grimm um 1824 begründet.

FRAU HOLLE

ist die einzige Märchenfigur, deren angebliche hessische Heimat hier nicht verschwiegen werden kann. Sie hat ihr Reich in dem **Gebiet um den Hohen Meißner**. Allerdings kommt sie bei den Brüdern Grimm nicht nur im Märchen, sondern auch in der Mythologie und in der Sage vor. Im Gegensatz zum Märchen lebt jede Sage gerade von ihrer „Verortung" in der geographischen und historischen Wirklichkeit – weshalb es unmöglich ist, im Rahmen dieses kleinen literarischen Reiseführers den Spuren sämtlicher Figuren aus den 585 Grimm'schen Sagen zu folgen …

In den *Deutschen Sagen* (1816/18) brachten Jacob und Wilhelm Grimm gleich fünf Geschichten über die Frau Holle. Entgegen ihrer sonstigen Sammelgewohnheit sollen die Brüder sogar selbst auf dem Hohen Meißner gewandert sein, um nach Frau Holle zu suchen. Er sei, schrieb Jacob Grimm 1819, *auf dem bekannten merkwürdigen Meisnergebirge selbst gewesen* und habe *sich sorgfältig so wie in den umliegenden Dörfern nach vorhandenen Volkssagen erkundigt, aber keine erfragen noch durch andere bemüht gewesene Reisende erfahren können, das Wenige abgerechnet, was man (aber fast in ganz Hessen und Thüringen) von Frau Holle zu erzählen weiss und das in vielen Büchern gedruckt steht.* (Jacob Grimm in einer Rezension zu Karl Christian Schmieders „Frau Holle", 1819). *Aus Hessen* stammt denn auch die erste Fassung der *Frau Holle* in den *Kinder- und Hausmärchen*, die Dortchen Wild am 13. Oktober 1811 erzählte.

Schon die Germanen suchten das Land ihrer verehrten Göttin Holda im Gebiet um den 750 Meter hohen Meißner. In einer Senke auf halber Höhe liegt der **Frau-Holle-Teich**, auf dessen Grund das silberne Zauberschloss mit dem herrlichen Blumengarten der Frau Holle liegen soll. Hier ertönt zuweilen das Läuten ihres Zauberglöckchens, dem die kleinen Geister der Elemente Feuer, Wasser, Luft und Erde gehorchen und das unter den Menschen aber nur die Sonntagskinder hören können. Frau Holle erscheint (so schrieb Jacob Grimm in seiner *Deutschen Mythologie*) als *ein höheres wesen (...), das den menschen freundliche, hilfreiche gesinnung beweist, und nur*

Die Skulptur der Frau Holle als Fruchtbarkeitsgöttin am Frau-Holle-Teich

dann zürnt, wenn es unordnung im haushalt wahrnimmt. Am Frau-Holle-Teich steht sie in Form von zwei Skulpturen, einer unscheinbaren Erdmutter und einer über drei Meter hohen Fruchtbarkeitsgöttin (von Viktor und Ilja Donhauser).

Auf dem **Frau-Holle-Stuhl** an der Morgengabe, zwei Basaltblöcken am Südhang des Meißners, soll Frau Holle gelegentlich morgens gesessen und ihre Haare gekämmt haben. Den Steinen wird daher heilkräftige Wirkung zugesprochen: Sie sollen langes Leben und Fruchtbarkeit verleihen. Das Wasser aus dem Hexen- oder Nixenteich in der **Hilgershäuser Höhle**, die früher „Holenstein" hieß, verhilft angeblich zu ewiger Schönheit, und der **Frau-Holle-Brunnen** im Schwalbenthal gilt als jener Zugang in die Anderswelt, den Goldmarie und Pechmarie benutzten. Aus ihrer Geschichte wissen wir, dass es auf der Erde schneit, wenn Frau Holle ihre Betten ausschüttelt.

Mein Märchen ist aus, dort lauft eine Maus, wer sie fängt, darf sich eine große, große Pelzkappe daraus machen.

Brüder Grimm:
Hänsel und Gretel (1812)

Deutsche Märchenstraße
Obere Königsstraße 15
34117 Kassel
Tel. 05 61/70 77-07
www.deutsche-maerchenstrasse.de

Märchenlandweg
Region Kassel-Land e. V.
Bahnhofstraße 26
34369 Hofgeismar
Tel. 0 56 71/50 75 3-0
www.kassel-land.de

Schauenburger Märchenwache
Lange Straße 2
34270 Schauenburg-Breitenbach
Tel. 0 56 01/92 56 19
oder 92 56 78
www.maerchenwache.de
Geöffnet: So 15–18 Uhr

Brauhaus Knallhütte
Knallhütte
34225 Baunatal-Rengershausen
Tel. 0 5 61/49 20 76
www.knallhuette.de
Märchenstunde samstags um
17.30 Uhr

Heimatverein „Dorothea Vieh-mann" Kassel-Nieder-zwehren e. V.
Frankfurter Straße 300
34134 Kassel
www.heimatverein-niederzwehren.de

Willingshausen Touristik Betriebsgesellschaft mbH
Museum „Malerstübchen" im
Gerhardt-von-Reutern-Haus
Merzhäuser Str. 1
34628 Willingshausen
Tel. 0 66 97/14 18 oder 2 65
www.malerkolonie.de
Geöffnet: Di–So 10–12 Uhr und
14–16 Uhr
sowie nach Vereinbarung
Gruppen werden um Anmeldung
gebeten.

Naturpark Meißner-Kaufunger Wald
Forstamt Hessisch Lichtenau
Retteröder Straße 17
37235 Hessisch Lichtenau
Tel. 0 56 51/95 21 25
www.naturparkmeissner.de
Geführte Wanderungen auf den
Spuren von Frau Holle werden zu
bestimmten Terminen (für Einzel-wanderer) und auf Anfrage (für
Wandergruppen) angeboten.

Ins **Waldhessische**, in die Gegend östlich von **Rotenburg an der Fulda** und **Bebra**, hatte vor allem Dorothea Grimm geb. Wild familiäre und freundschaftliche Beziehungen. Ihre zweitälteste Schwester *Johanna* Christine gen. Hannchen Wild (1785–1846) war seit etwa 1803/04 mit dem Bergrat *Wilhelm* Gustav Siegmund Fulda (1781–1870) verheiratet. Das Ehepaar lebte mit seinen fünf zwischen 1804 und 1814 geborenen Kindern auf der Friedrichshütte in Iba bei Bebra. Zu den dortigen Besuchen brachte Dortchen manchmal wohl Jacob und Wilhelm Grimm mit, und es wurden *Partien* in die nähere Umgebung, etwa nach Nentershausen oder nach Solz, unternommen. Nach dem Bruch in Göttingen 1837 wollte Bergrat Fulda den Brüdern Grimm sogar Asyl gewähren, was sie jedoch nicht annahmen.

DAS BAUMBACH'SCHE GUT IN NENTERSHAUSEN

Im Winter 1812 waren Dorothea Wild und Wilhelm Grimm zu Gast auf dem Gutshof der Familie von Baumbach. *[A]m Ofen im Gartenhaus von Nentershausen* erzählte das damals 16-jährige Dortchen am 19. Januar 1812 die drei Märchen *Der singende Knochen, Die sechs Schwäne* und *Der Liebste Roland,* die Wilhelm Grimm aufzeichnete.

Auf dem historischen Gut werden heute Ferienwohnungen vermietet. Das Gartenhaus allerdings existiert nicht mehr. Es wurde wegen Baufälligkeit in den 1980er Jahren abgerissen.

DIE FRIEDRICHSHÜTTE IN IBA

Die Friedrichshütte im heutigen Bebra-Iba wurde unter dem Landgrafenkönig Friedrich I. 1732–35 als Kupferschmelzanlage errichtet. Sie diente zur Herstellung von Kupfer aus dem Kupferschiefer, der in den Schächten der Umgebung abgebaut wurde. Das zu dem Werk gehörende Verwaltungsgebäude war zugleich das Wohnhaus für den leitenden Bergrat. In diesem Amt lebte hier auch Dortchens Schwager Wilhelm Fulda.

Nach dem Protest der „Göttinger Sieben" 1837, als Jacob Grimm das Königreich Hannover unverzüglich verlassen musste, boten treue Freunde den Brüdern spontan Asyl an. Außer dem Jugendfreund Paul Wigand, damals Stadtgerichtsdirektor in Wetzlar, hätte auch Bergrat Fulda Jacob und Wilhelm Grimm gern aufgenommen. Wilhelm Grimm, noch aus Göttingen, dankte für das *freundliche Anerbieten*, das er jedoch grundsätzlich ablehnte: *Für jetzt ist es das Beste, daß ich*

mit meiner Familie hierbleibe und Jacob in Cassel bei meinem Bruder Louis. (Wilhelm Grimm an Paul Wigand, 11.1.1838). Ab Oktober 1838 teilten die Brüder das Exil in Kassel. Nur Dortchen mit den Kindern Herman und Auguste kam wenigstens zu einem Sommeraufenthalt vom 12. August bis zum 4. September 1840 auf die Friedrichshütte. Der zwölfjährige Herman langweilte sich damals *tüchtig* und flehte Vater wie Onkel brieflich an, ihn bald wieder nach Kassel zu holen. Schließlich vertrieb er sich die Zeit damit, dass er die Friedrichshütte zeichnete und ein Märchen für den *Papa* aufschrieb.

Viele Jahre später hielt auch Dortchen Grimm auf der Friedrichshütte ein Märchen fest. Während eines mehrwöchigen Besuchs bei ihrem mittlerweile verwitweten Schwager im Herbst 1851 hörte sie dort das Märchen *Die klugen Leute*, das sie aufschrieb und ihrem Mann Wilhelm Grimm nach Berlin mitbrachte. Es ging in die späteren Auflagen der *Kinder- und Hausmärchen* (ab 1857) ein.

Heute ist die Friedrichshütte ein beliebtes Ausflugslokal. Eine Gedenktafel und ein „Märchenstein" erinnern hier an die Brüder Grimm. Außerdem hat die Friedrichshütte anlässlich ihres 275-jährigen Beste-

hens 2007 das Zimmer direkt über dem Haupteingang, wo einst die Grimms logierten, wiederhergerichtet, um es als einziges und exklusives Fremdenzimmer zu vermieten.

Wirtschaftsförderung Hersfeld-Rotenburg Tourismus
Leinenweberstraße 1
36251 Bad Hersfeld
Tel. 0 66 21/94 41 10
www.waldhessen.de

Gutshof von Baumbach
Gutsstraße 8
36214 Nentershausen
Tel. 0 66 27/5 53
www.von-baumbach.de

Café und Restaurant Friedrichshütte
Friedrichshütte 1
36179 Bebra-Iba
Tel. 0 66 22/73 02 oder 30 19 31

Die Friedrichshütte
Bleistiftzeichnung von Peter Zirbes,
1978

06 | KASSEL III
EXIL
(1837/38 – 1841)

Die drei jahre des banns und unglücks möchte ich auf keine weise aus meinem leben missen, so viel erhebung und innere freudigkeit haben sie mir gebracht.

Jacob Grimm
an Hermann Hupfeld, 12.3.1841

Das Palais Bellevue, Sitz des Brüder Grimm-Museums

Kassel, die einst bewusst verlassene hessische Heimatstadt, wurde 1837 unerwartet und ungewollt noch einmal zur Lebensstation für die Brüder Grimm. Am 1. November 1837 hatte der neue König Ernst August II. von Hannover die Verfassung seines Landes aufgehoben. Dagegen protestierten die sieben Göttinger Professoren Wilhelm Eduard Albrecht, Friedrich Christoph Dahlmann, Georg Heinrich August Ewald, Georg Gottfried Gervinus, Jacob Grimm, Wilhelm Grimm und Wilhelm Eduard Weber. Nach einer Verhandlung vor dem Universitätsgericht wurden die „Göttinger Sieben" am 11. Dezember 1837 aus dem Staatsdienst entlassen. Jacob Grimm, Dahlmann und Gervinus mussten das Königreich Hannover unverzüglich verlassen. Am 17. Dezember 1837 kehrte Jacob Grimm nach Kassel zurück. Wilhelm Grimm, der mit seiner Familie zunächst noch in Göttingen blieb, folgte im Oktober 1838 nach.

Die *drei jahre des banns* in Kassel verbrachten die Brüder in großer Unsicherheit. In ihrem Bemühen, sich eine neue Lebensgrundlage zu schaffen, begannen sie das wissenschaftliche Großprojekt des *Deutschen Wörterbuchs*. Dank dem leidenschaftlichen Einsatz von Bettine von Arnim wurden Jacob und Wilhelm Grimm 1840 an die Preußische Akademie der Wissenschaften in Berlin berufen, wo sie künftig die völlige Freiheit zur Forschung genossen.

Heute pflegt das Andenken an die Brüder Grimm in Kassel insbesondere das 1959 gegründete Brüder Grimm-Museum.

Über die Werrabrücke in Witzenhausen

In Göttingen kam es zu Unruhen, als die Studenten erfuhren, dass ihre Professoren entlassen und ausgewiesen wurden. Über die Stadt wurde der Belagerungszustand ver-

Die Werrabrücke bei Witzenhausen Zeichnung von Otto Ubbelohde

hängt. Um zu verhindern, dass Studenten den drei Vertriebenen Jacob Grimm, Dahlmann und Gervinus einen triumphalen Auszug aus dem Königreich Hannover bereiteten, erging kurzfristig ein Verbot, Kutschen und Pferde zu vermieten. Daraufhin marschierten in der eisigen Nacht vom 16. auf den 17. Dezember 1837 mehrere hundert Studenten an die kurhessische Grenze. Als die drei Professoren in ihrer Kutsche gegen Mittag endlich die (bis heute erhaltene) Grenzbrücke über die Werra in **Witzenhausen** passierten, wurden sie begeistert begrüßt. Die jubelnden Studenten spannten sogar die Pferde aus, um ihre Lehrer in der Kutsche selbst zu einer feierlichen Kundgebung in das Städtchen zu ziehen.

Am Abend nach diesem ersten von vielen folgenden Solidaritätsbeweisen traf Jacob Grimm in Kassel ein. Er fand Zuflucht im Haushalt seines Bruders Ludwig Emil Grimm, in der Wohnung, in der er und Wilhelm bis zu ihrem Wegzug nach Göttingen gelebt hatten.

Ein Seitenblick auf den „Malerbruder"

Der Zeichner, Radierer und Maler **Ludwig Emil gen. Louis Grimm** wurde am 14. März 1790 in Hanau

Ludwig Emil Grimm
Selbstbildnis, Radierung, 1815

geboren und wuchs in Steinau auf. Wie früher die älteren Brüder Jacob und Wilhelm kam er, zusammen mit dem Bruder Ferdinand, 1803 zum weiteren Schulbesuch nach Kassel. Während zweier wenig erfolgreicher Jahre auf dem Lyceum Fridericianum veranlasste ihn sein Hang zur Naturbeobachtung verstärkt zum Zeichnen. Auf den Rat des Hofmalers und Akademiedirektors Wilhelm Böttner, des früh verstorbenen Vaters seiner späteren ersten Frau, wechselte der 16-Jährige auf die Kunstakademie über, wo er die Grundlagen des Zeichnens, Radierens und Ölmalens erlernte.

Nach dem Tod der Mutter 1808 lebte Ludwig Emil Grimm eine Zeit lang bei Clemens Brentano und Achim von Arnim in Heidelberg. Damals begann er, Bücher zu illustrieren. Um seinen Lebensunterhalt als freier Künstler zu verdienen, schuf er in den folgenden Jahrzehnten ein umfangreiches graphisches Werk mit über 2.000 Blättern für Mappenwerke und Buchillustrationen, darunter auch Bilder zu den *Kinder- und Hausmärchen* seiner Brüder (1819/25), mit denen allerdings Wilhelm Grimm nie so recht zufrieden war.

Von 1809 bis 1814 setzte Ludwig Emil Grimm seine Ausbildung in München fort, bis er als Freiwilliger in den Befreiungskrieg gegen Frankreich zog. Danach lebte er noch bis 1817 in München, unterbrochen von längeren Reisen, etwa nach Steinau, Frankfurt und an den Rhein (teilweise zusammen mit dem Bruder Wilhelm Grimm, 1815) und nach Italien (zusammen mit Georg Brentano, 1816).

Im Jahr 1817 ließ sich Ludwig Emil Grimm, zunächst in enger Lebensgemeinschaft mit den Brüdern Jacob und Wilhelm, als freier Künstler in Kassel nieder. Im Alter von 42 Jahren (1832) avancierte er dort zum Professor an der Kunstakademie, wo er künftig „im Zeichnen nach der Natur und Komponieren von historischen und landschaftlichen Gegenständen" unterrichtete.

Ludwig Emil Grimm starb am 4. April 1863 in Kassel.

Sein umfangreiches Oeuvre umfasst vor allem Zeichnungen und Radierungen, meist Naturstudien, Landschaften, volkskundliche Darstellungen und Porträts, wenige Ölgemälde und zahlreiche Karikaturen. Besonders reizvoll sind seine comicartigen Skizzen mit Szenen aus dem Familienleben und von seinen Reisen (etwa auf seiner berühmten „Reiserolle", auch mit Bildern aus Steinau, 1850), die zugleich oft eine sehr persönliche Perspektive auf die beiden „großen" Brüder bieten. Seine *Erinnerungen aus meinem Leben*, niedergeschrieben zwischen 1835 und 1850, sind ein bedeutendes und lesenswertes Zeugnis zur Kulturgeschichte.

DER HAUPTFRIEDHOF AN DER HOLLÄNDISCHEN STRASSE

Auf dem heutigen Hauptfriedhof befinden sich einige Grimmgräber, insbesondere die Familiengrab-

Das Familiengrab von Ludwig Emil Grimm auf dem Hauptfriedhof

stätte von Ludwig Emil Grimm, die nicht weit vom Eingang an der Holländischen Straße liegt (und zwar im vierten Quartier, am zweiten nordsüdlichen Weg und dort jenseits vom vierten westöstlichen Weg direkt auf der rechten Seite). Das Erbbegräbnis wurde wohl beim Tod von Friederike Böttner geb. Wille, Ludwig Emil Grimms Schwiegermutter, im Jahr 1848 erworben. Ihr ist der zentrale stehende Grabstein (in der hinteren Gräberreihe) gewidmet. Links und rechts davon sind die Brüder *Carl* Friedrich Grimm (1787–1852) und Ludwig Emil Grimm (1790–1863) bestattet. In der vorderen Gräber-

reihe befindet sich u. a. das Grab von Ludwig Emils Tochter Friederike gen. Ideke von Eschwege geb. Grimm (1833–1914).

Ludwig Emil Grimm wollte die Grabstätte möglichst schlicht gestalten. Die gesamte Grabanlage war früher von einem Gitter umschlossen. Auf jedem Einzelgrab sollte der Name des Bestatteten auf einer schrägen Marmorplatte zu Häupten stehen, während der untere Teil mit einer Sandsteinplatte bedeckt sein sollte. (Dabei wurde ausgerechnet auf Ludwig Emil Grimms Grab ein falscher Geburtsort, nämlich Steinau anstelle von

Hanau, eingemeißelt.) Durch das Hinzukommen weiterer Gräber ist der von Grimm beabsichtigte einheitliche Eindruck der Grabstätte nicht mehr ganz gewahrt.

Das Grab von *Ferdinand* Philipp Grimm (1788–1845), dem vierten der fünf Brüder, der seine letzten Jahre verarmt und vereinsamt in Wolfenbüttel verbrachte, ist nicht erhalten.

Im Hause des „Malerbruders"

Der „Malerbruder" Ludwig Emil Grimm hatte einst die Wohnung im zweiten Stock des Hauses an der Bellevue 6 (der späteren Schönen Aussicht 7) übernommen. Inzwischen, seit 1832, war er verheiratet mit Marie Böttner, der Tochter von seinem verstorbenen Akademieprofessor Wilhelm Böttner und dessen Ehefrau *Friederike* Luise geb. Wille. Die Schwiegermutter, die auch mit im Haushalt lebte, war Eigentümerin des Hauses an der Bellevue, so dass es nach deren Tod 1848 in den Besitz von Ludwig Emil Grimm übergehen sollte.

Selbstverständlich nahm Ludwig Emil Grimm den ältesten Bruder Jacob nach dessen Ausweisung aus Göttingen im Dezember 1837 auf.

Der Louis und seine Frau taten für ihren Gast, was sie konnten, wie Wilhelm Grimm an Bettine von Arnim berichtete, aber was ihm wirklich fehlte, konnten sie ihm nicht geben. Jacob Grimm vermisste den Bruder und dessen Familie: *[W]enn er ohne uns, ohne meine Frau und Kinder leben soll, wird er je länger je trauriger*, schrieb Wilhelm Grimm schon nach wenigen Wochen der Trennung an Savigny. Derweil saß Jacob Grimm *in einer Stube* der vertrauten und doch fremden Wohnung in Kassel und *arbeitet(e) ein Buch fertig*, wohl den vierten und letzten Band seiner *Deutschen Grammatik*, der damals bereits im Druck war. Innerhalb von nur vier Tagen im Januar 1838 dann machte er sich erst einmal Luft mit der Rechtfertigungsschrift *über seine Entlassung*, die im April gedruckt herauskam.

Wieder vereinigt

Mitte Oktober 1838 kehrten auch Wilhelm Grimm und seine Familie nach Kassel zurück. Zusammen mit Jacob Grimm zogen sie in die freigewordene Wohnung im Erdgeschoss des bekannten Hauses an der Bellevue 6. In mehreren Wagen wurde das Mobiliar herbeigebracht, und bald standen auch die Bücher wieder in den gewohnten Reihen.

Doppelporträt der Brüder Grimm
Radierung von Ludwig Emil Grimm, 1843

Ich gelange dadurch wieder zu einiger Ruhe und Bequemlichkeit, notierte Jacob Grimm zufrieden über die erneuerte Lebensgemeinschaft, *alle meine Bücher und Papiere habe ich fast ein Jahr entbehren müssen, und das will in unsrer Zeit, wo alles mit Lesen und Schreiben zusammenhängt, und bei der festgewordnen Gewohnheit, etwas sagen.*

„Deutsches Wörterbuch"

Auch Wilhelm Grimm, der sich zunächst fühlte *wie einer, der aus Amerika zurückgekehrt ist*, lebte sich schnell wieder ein, und so konnten die Brüder trotz aller Zukunftssorgen bald ihr neues Projekt angehen: das *Deutsche Wörterbuch*. Bereits im April 1838 hatten Jacob und Wilhelm Grimm das

Angebot des Verlegers Karl Reimer angenommen, gemeinsam ein großes neuhochdeutsches Wörterbuch herauszugeben, das den gesamten Wortschatz von Luther bis Goethe umfassen sollte. Nachdem sie ihren ehrgeizigen Plan am 29. August 1838 in der „Leipziger Allgemeinen Zeitung" öffentlich bekannt gegeben hatten, konnten im Herbst 1838 die Vorarbeiten beginnen. Bis zum Jahresende hatten die Brüder schon 30 Mitarbeiter gewonnen, meist aus ihrem Schüler- und Bekanntenkreis, die den Wortschatz auf Karteikarten zusammentragen sollten. Jacob und Wilhelm Grimm wussten, dass sie sich auf *ein schönes aber mühevolles unternehmen* einließen. Sie rechneten mit einer Bearbeitungzeit von zehn Jahren. Doch sie konnten das Werk, dessen erste Lieferung 1852 erschien, bis zu ihrem Tod nicht vollenden. Es wurde erst 1960 abgeschlossen.

Endgültiger Auszug

Nach drei Jahren im „Exil" erhielten Jacob und Wilhelm Grimm am 8. November 1840 einen Ruf, der ihnen zugleich gesicherte Existenz und innere Unabhängigkeit bot. König Friedrich Wilhelm IV. holte sie an die Preußische Akademie der Wissenschaften in Berlin. Dort würden sie mit einem Sondergehalt und ohne weitere Verpflichtungen ihre eigenen Forschungen und insbesondere ihr neues Großprojekt des *Deutschen Wörterbuchs* gemeinsam fortsetzen können. Am 14. März 1841 verließen die Brüder Grimm Kassel.

Das Haus an der Bellevue 6 wurde im Zweiten Weltkrieg zerstört. Das Grundstück, heute Schöne Aussicht 7/Ecke Hugenottenstraße, wurde vor kurzem mit einem modernen Gerichtsgebäude überbaut. Ganz in der Nähe, nur ein paar Schritte weiter in der Schönen Aussicht, ist jetzt das Brüder Grimm-Museum beheimatet.

DAS BRÜDER GRIMM-MUSEUM IM PALAIS BELLEVUE

Das Palais Bellevue an der Schönen Aussicht 2/Ecke Friedrichsstraße wurde als Sternwarte für den hessischen Landgrafen Karl 1714 von dem französischen Architekten Paul du Ry errichtet und um 1790 von Simon Louis du Ry, dem Sohn des Erbauers, in klassizistischem Stil umgestaltet. Es gehörte einst zu einem größeren Komplex landgräflicher bzw. kurfürstlicher Gebäude, die in ihrer Gesamtheit ab 1815 als „Bellevueschloss" bezeichnet wurden. Nach dem Brand des eigentlichen Stadtschlosses 1811 wuchs der Anlage an der Schönen Aussicht neue Bedeutung als innerstädtische Residenz zu zunächst für König Jérôme Bonaparte, zu dessen Zeit auch Jacob Grimm als Privatbibliothekar und Staatsratsauditor auf Bellevue verkehrt haben dürfte. Seit 1813 wurde der Schlosskomplex wieder von der kurfürstlichen Familie genutzt. So hatte die von ihrem Mann getrennt lebende Kurfürstin Auguste hier ihren Wintersitz in dem (1943 zerstörten) Palais des Prinzen Wilhelm, wo sie die ihr herzlich verbundene Familie Grimm öfter empfing. Die Grimms wohnten in ihrer späten Kasseler Zeit, seit 1824, ohnehin in unmittelbarer Nachbarschaft zu den kurfürstlichen Häusern an der Bellevue.

Das heutige Palais Bellevue, das einzige erhaltene Gebäude des ehemaligen Schlosskomplexes, befindet sich seit 1956 im Besitz der Stadt Kassel und beherbergt seit 1972 das Brüder Grimm-Museum.

Die Gründung der Brüder Grimm-Gesellschaft e. V.

In direkter Konkurrenz zu Hanau, das gerade sein Nationaldenkmal der Brüder Grimm enthüllt hatte, gründete sich in Kassel in der damaligen Kurhessischen Landesbibliothek am 29. Januar 1897 eine Grimm-Gesellschaft. Sie konzentrierte sich zunehmend auf die Sammlung von Dokumenten, Briefen und anderen Erinnerungsstücken aus dem Leben der Brüder Grimm. Bis zum Ersten Weltkrieg trug sie einen ansehnlichen Bestand zusammen, doch dann kam die Gesellschaft zum Erliegen. Erst am 14. April 1942, auf Initiative des Verlegers Karl Vötterle und mit Gunst des nationalsozialistischen Staates, der die Brüder Grimm und ihr Werk für seine Ideologie vereinnahmt hatte, wurde die Brüder Grimm-Gesellschaft in Kassel neu gegründet. Beim Bombardement der Stadt am 22./23. Oktober 1943 gingen auch zahlreiche Stücke der ersten Grimmsammlung unter. Der Rest bildete den Grundstock für das heutige Museum.

Die Gründung des Brüder Grimm-Museums

Am 15. Dezember 1959, am Vorabend des 100. Todestags von Wilhelm Grimm, wurde das Brüder Grimm-Museum durch einen Vertrag zwischen der Stadt Kassel und der Brüder Grimm-Gesellschaft gegründet. Die Basis des Bestands bildeten die alte Kasseler Grimmsammlung der Landesbibliothek sowie die Schenkung von Hausrat,

Gemälden, Briefen und anderen Erinnerungsstücken aus dem Besitz der Familie Hassenpflug, in die die Schwester Lotte Grimm eingeheiratet hatte. Bald konnte der Schatz durch weitere Ankäufe und Schenkungen, darunter einen bedeutenden Teil des persönlichen und künstlerischen Nachlasses von Ludwig Emil Grimm, vergrößert werden. Heute verfügt das Brüder Grimm-Museum über einen ansehnlichen Fundus von mehr als 100.000 Objekten und Dokumenten.

Zum 175. Geburtstag von Jacob Grimm am 4. Januar 1960 wurde das Brüder Grimm-Museum in den Räumen der Murhard'schen und Landesbibliothek am Brüder-Grimm-Platz 4A eröffnet. Später (1972) erhielt das Museum eigene Ausstellungsräume im Erdgeschoss des Palais' Bellevue. Erst seit 1999, nach dem Auszug anderer Kulturinstitutionen aus dem Schlösschen, kann das Brüder Grimm-Museum das gesamte Haus für seine Ausstellungszwecke nutzen. Daraufhin wurde das Museum völlig neu konzipiert und gestaltet.

Weltdokumentenerbe

Auf vier Etagen präsentiert das Museum im Palais Bellevue die Brüder Grimm. Die Räume im Erdgeschoss und im ersten Stock werden für Sonderausstellungen sowie für Tagungen, Vorträge und andere Veranstaltungen genutzt.

Die von 1998 bis 2005 erneuerte und 2006/07 erweiterte Dauerausstellung im zweiten Stock widmet sich dem Leben und Werk von Jacob und Wilhelm Grimm. Im Zentrum der sieben Räume steht die „Werkstatt" der Brüder Grimm, eine Bibliothek mit roten Kirschholzmöbeln, die die Arbeitssituation der beiden Gelehrten nachstellt. In den übrigen Räumen, gestaltet als biedermeierliches Wohnambiente, das mit authentischem Hausrat und persönlichen Gegenständen aus dem Besitz der Familie Grimm bestückt ist, sind die Lebensstationen von Jacob und Wilhelm Grimm in engem Zusammenhang mit ihrem wissenschaftlichen und politischen Wirken dokumentiert. Bedeutendstes Stück der Ausstellung ist das **Kasseler Handexemplar der *Kinder- und Hausmärchen* (1812/15)** mit den handschriftlichen Anmerkungen und Ergänzungen der Brüder Grimm. Es wurde im Juni 2005 zum Weltdokumentenerbe der Unesco erklärt.

Im dritten Obergeschoss können die Besucher in die „Märchenerleb-

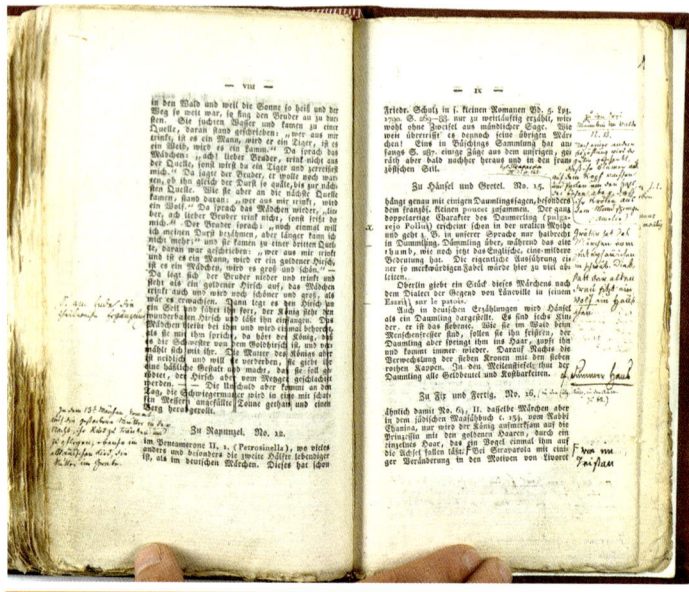

Das Kasseler Handexemplar der „Kinder- und Hausmärchen" der Brüder Grimm

niswelt" der Brüder Grimm eintauchen, die 2002 hier gestaltet wurde. Als „Märchenhelden" werden sie durch die Prüfungen des „Märchenwaldes" geschickt, um endlich im „Märchenschloss" anzukommen. Wenn alles gut geht, landen sie dort auf dem „Märchenthron" – der inzwischen als der meistfotografierte Ort in Kassels Museen gilt.

Besonderer Beliebtheit erfreut sich auch das große Märchenfest, das das Brüder Grimm-Museum alljährlich am ersten Septemberwochenende im und am Palais Bellevue veranstaltet.

Gedenken und Forschen

Die Brüder Grimm-Gesellschaft hat satzungsgemäß zum Ziel, „die vorurteilsfreie, kritische Erforschung von Leben, Werk und Wirkung der Brüder Grimm zu fördern, ihre Stellung in der Geistes-, Wissenschafts- und politischen Geschichte bestimmen zu helfen und ihren Beitrag zur hessischen und deutschen Kultur und zur Weltliteratur darzustellen". Sie versteht sich

also als Gedenk- und Forschungsinstitution, die mit einer vielfältigen Reihe von Publikationen, Ausstellungen und Veranstaltungen zudem ein internationales Forum für die Grimmforschung bieten will.

Das Herz des Unternehmens ist das Museum im Palais Bellevue. Das Hirn bilden Archiv und Bibliothek. Deren Bestände, die – zusammen mit der Geschäftsstelle der Gesellschaft und der Verwaltung des Museums – im Gebäude der Murhard'schen und Landesbibliothek (Universitätsbibliothek) am Brüder-Grimm-Platz 4A untergebracht sind, können Forscher wie interessierte Laien nutzen. Auch diese Rezeptionsstätte befindet sich ganz in der Nähe einer ehemaligen Grimm'schen Wohnung: schräg gegenüber von dem Haus am Wilhelmshöher Tor, wo die Geschwister Grimm von 1814 bis 1822 lebten.

Brüder Grimm-Museum Kassel
Ausstellungen im
Palais Bellevue:
Schöne Aussicht 2
34117 Kassel
Tel. 05 61/7 87-20 33
Geöffnet: täglich 10–17 Uhr, Mi bis 20 Uhr (Sonderregelungen an Feiertagen)
Führungen werden regelmäßig und auf Anfrage angeboten.
Verwaltung, Archiv und Bibliothek, Hauptgeschäftsstelle der Brüder Grimm-Gesellschaft e. V.:
Brüder-Grimm-Platz 4A
34117 Kassel
Tel. 05 61/10 32 35
www.grimms.de

07 | FRANKFURT AM MAIN
POLITISCHES WIRKEN
(1846/1848)

Nicht ohne glücklichste Vorbedeutung treten wir zusammen in einer Stadt, die von Alters her als das Herz deutscher Geschichte betrachtet werden kann.

Jacob Grimm zur Begrüßung
der Ersten Germanistenversammlung
in Frankfurt, 24.9.1846

*Die Deutsche Nationalversammlung in der Paulskirche
Lithografie von Eduard Meyer nach einer Zeichnung von Paul Bürde, 1848
(Ausschnitt; vorn links mit Papieren in der Hand: Jacob Grimm)*

Frankfurt, die traditionsreiche Wahl- und Krönungsstadt der deutschen Könige und Kaiser, sahen die Brüder Grimm erstmals im Alter von fünf und vier Jahren bei einem Ausflug mit den Eltern von Hanau nach Bergen 1790. Später kamen sie auf der Durchreise, seit ihrer Fahrt zum künftigen Schulbesuch in Kassel 1798, immer wieder in die zentral liegende Messe- und Handelsstadt am Main. Durch ihre Bekanntschaft mit Friedrich Carl von Savigny und Clemens Brentano verknüpften sie spätestens ab 1805 freundschaftliche Bande mit Frankfurt, insbesondere mit dem späteren Senator Gerhard Thomas, an dessen literarischem Freitagszirkel sie bei ihren gelegentlichen Aufenthalten in der Stadt wohl teilnahmen. Immer dort zu wohnen konnten sie sich aber kaum vorstellen: *Mir für meine Gemütsart ist Frankfurt zu voll, unruhig, reich*, meinte Jacob Grimm einmal. So besuchten die Brüder nach Thomas' Tod 1838 die Stadt seltener. Doch im September 1846 kamen Jacob und Wilhelm Grimm zur Ersten Germanistenversammlung nach Frankfurt, und ab Mai 1848 gehörte Jacob Grimm einige Monate lang der Deutschen Nationalversammlung in der Paulskirche an. Damit setzten sie politische Zeichen für die Zukunft Deutschlands in Einheit und Freiheit.

Infolge der Kriegszerstörungen 1943/44 sind in Frankfurt keine spezifischen Grimmstätten erhalten. Doch lässt sich an einigen markanten Punkten im heutigen Stadtbild das hiesige Wirken der Brüder Grimm illustrieren.

DIE EHRENSÄULE AN DER BERGER WARTE

An der Berger Warte auf der Anhöhe östlich vor Frankfurt ließ Landgraf Wilhelm IX. von Hessen-Kassel

Die Ehrensäule an der Berger Warte

123

1791 eine Ehrensäule aus Basalt errichten. Das drei Meter hohe Denkmal, heute von der Vilbeler Landstraße aus in dem Weg Am Galgen rechts von einem Umspannwerk, erinnert an einen Besuch des Kaisers Leopold II. auf der Berger Höhe. Zum Schutz von dessen Wahl und Krönung 1790 hatte der Landgraf hier ein riesiges Feldlager mit zehn Bataillonen und 14 Schwadronen, insgesamt über 6.000 Mann, aufgeschlagen. Weil der Kurfürst von Mainz ein Übergreifen der Revolution von Frankreich befürchtete, ließ der Landgraf fast vier Herbstwochen lang vor den Stadttoren exerzieren, was das Zeug hielt. Um eine *Revüe* der Truppen – möglicherweise die große Parade nach der Kaiserwahl am 30. September 1790 – anzusehen, kamen auch die Eltern Grimm mit ihren kleinen Söhnen Jacob und Wilhelm in einer Kutsche von Hanau nach Bergen. Auf dem Weg dorthin passierten sie, die Kinder zum ersten Mal, die Stadt Frankfurt: *[I]ch weiß genau, daß wir beim Durchzug durch Frankfurt in einer Gaße mit vielem Eisengerähm vor den Fenstern hielten,* erinnerte sich Jacob (Jacob Grimm: Besinnungen aus meinem Leben).

Bevor der Landgraf nach der Krönung wieder abzog, gab er im Berger Lager am 11. Oktober 1790 ein großes Festmahl für das neue Kaiserpaar, wobei 126 Personen in Zelten exquisit bewirtet wurden. Davon erzählt die lateinische Inschrift der „Leopoldsäule", die inzwischen allerdings fast nicht mehr zu entziffern ist.

DER HAINERHOF

Der Hainerhof in der Nähe des Doms blieb als Innenhof in der nach dem Zweiten Weltkrieg wiederaufgebauten Altstadt erhalten. Ein granitener „Postreiter" (von Albrecht Glenz, 1951) erinnert daran, dass hier einst die hessen-kasselische Poststation

Der Hainerhof

war. Dort hatten Jacob und Wilhelm Grimm auf ihrer ersten Fahrt von Steinau nach Kassel am 25. September 1798 längeren Aufenthalt. Umsichtig hatte der Großvater Johann Hermann Zimmer die beiden alleinreisenden Jungen dem Oberpostmeister Simon Rüppell ans Herz gelegt. Rüppell, der Vater des späteren Afrikaforschers Eduard Rüppell, bot den Brüdern ein buntes Programm – sogar mit wilden Tieren:

[V]on Hanau aus kamen wir in Frankfurt vorigen Dienstag gegen 10 Uhr an, berichtete Jacob in einem Brief an die Mutter, *wir sahen uns dort ein wenig um und giengen hernach nach dem Hainerhoff, wo Hr. Oberpostmeister Rüppel[l] wohnte er war aber nicht zu Haus wir kamen aber um 12 Uhr wieder hin und setzten uns ein wenig vor das Posthaus, er kam hernach selbst und nahm uns mit hinauf um mit Ihm zu essen und war recht höflich, dann trunken wir mit ihm Caffe und er nahm uns nach diesem mit und ließ uns allerhand Thiere, Elephanten, Tiger, Papageyen, Affen und noch viele andere, die damals just in Frankfurt waren, sehen es kostete auch Geld, er bezahlte aber vor uns; auch ließ er uns etliche 50 Wachsfiguren, die ganz natürlich waren, und Kleider anhatten, sehen es waren die jetzige Kaiser, Könige, Generale und* noch andere, es war recht schön. Das Abends musten wir wieder mit Ihm essen wir giengen hernach in ein Wirtshaus um uns schlafen zu legen weil er uns nicht logiren konnte. (Jacob Grimm an Dorothea Grimm, 30.9.1798). Am nächsten Morgen um sechs Uhr fuhren Jacob und Wilhelm weiter.

Im Frankfurter Freundeskreis

Seit ihrer Bekanntschaft mit Clemens Brentano waren die Brüder Grimm bei ihren Frankfurtaufenthalten häufig zu Gast im Haus zum Goldenen Kopf, dem Stammhaus der Familie Brentano in der Großen Sandgasse 12. Im März 1808 reiste Jacob Grimm eigens aus Kassel an, um zusammen mit Friedrich Carl von Savigny in der leidigen Eheangelegenheit von Clemens Brentano und Auguste Bußmann zwischen deren Familien zu vermitteln.

Durch die Brentanos erschloss sich den Brüdern Grimm schnell ein eigener Frankfurter Freundeskreis, in dessen Mittelpunkt der spätere Senator Johann *Gerhard* Christian Thomas stand. In dessen Haus, wo zumindest Wilhelm Grimm während seiner Frankfurter Aufenthalte auch logierte, traf sich eine geistige Elite zum „Freitagszirkel". Neben den wichtigsten Frankfurter Vertretern der Romantik, wie dem Bibliothekar Johann Friedrich Böhmer und dem Rat Fritz Schlosser, verkehrten dort gelegentlich prominente Gäste, darunter Ernst Moritz Arndt, die Brüder Boisserée, Joseph Görres, Friedrich Carl von Savigny, der Freiherr vom Stein und wohl auch die Brüder Grimm. Weitere wichtige Freunde der Grimms waren der spätere Bürgermeister Gottfried Scharff, der die Stadt auf dem Wiener Kongress vertreten hatte und seit dieser gemeinsamen Zeit mit Jacob Grimm verbunden war, und der Pelzhändler Leopold Stein, Scharffs Vetter, den die Brüder bereits aus Kassel kannten.

Nach dem Protest und der Entlassung der „Göttinger Sieben" 1837 ließen die Frankfurter Freunde die Brüder Grimm nicht im Stich. Spontan wurden Spenden für deren Unterhalt gesammelt, und die (heute als Goethes „Suleika" bekannte) Bankiersgattin Marianne von Willemer erfüllte ein Vermächtnis ihres 1838 verstorbenen Mannes, indem sie den Brüdern drei Jahre lang jeweils den stattlichen Betrag von 600 Gulden überwies.

Idyllische Erinnerung

Die Häuser der Familie Brentano in der Großen Sandgasse und in der Neuen Mainzer Straße, des Senators Thomas an der Schönen Aussicht, des Bürgermeisters Scharff in der Fahrgasse, des Pelzhändlers Stein in der Klostergasse – alle Stätten, wo die Brüder Grimm in ihrem Frankfurter Freundeskreis weilten, sind spätestens seit den verheerenden „Märzangriffen" auf die Altstadt 1944 verschwunden.

Geblieben sind nur ein paar Reminiszenzen, darunter ein echtes Kleinod, das seine Erhaltung und Renovierung (2000-02) einer Bürgerinitiative verdankt: das **Petrihaus** im heutigen **Brentanopark** im Stadtteil Rödelheim. Der Park gehörte früher zu dem Landgut von Georg Brentano, dem älteren Bruder von Clemens und Bettine, der die Bankabteilung des familieneigenen Handelsunternehmens in der Stadt leitete. Ab 1808 schuf er sich draußen in Rödelheim sein „Zauberreich", wo er sich das idyllisch an der Nidda zwischen Granat- und Zitronenbäumen und unter dem uralten Ginkgo gelegene Petrihäuschen 1819/20 als privates Refugium einrichtete. Hierher kam Wilhelm Grimm im September 1821 zusammen mit Bettine von Arnim, und auch Ludwig Emil Grimm war öfter zu Gast. Im August 1848, im Sommer der Nationalversammlung, flüchtete Jacob

Grimm auf langen Spaziergängen aus der umtriebigen Stadt, von der Bockenheimer Landstraße auch bis nach Rödelheim: *ich renne (...) lieber einsam nach Bockenheim, Hausen oder Rödelheim.* (Jacob Grimm an Herman Grimm, 11.8.1848).

Begegnung mit Goethe

Im September 1815 kamen Wilhelm und Ludwig Emil Grimm nach Frankfurt, um von hier aus, gemeinsam mit Savigny, zu einer Rheinreise aufzubrechen. Bei einem Abendessen im Haus des Senators Georg Friedrich von Guaita, der mit Magdalena gen. Meline Brentano, der jüngsten Schwester von Clemens und Bettine, verheiratet war, begegneten sie Goethe, der gerade – zum letzten Mal – seine Vaterstadt besuchte. Wilhelm Grimm hatte den Dichterfürsten bereits bei einem Besuch in Weimar 1809 kennengelernt, während Jacob Grimm und Goethe sich wahrscheinlich nie sahen.

Über die Frankfurter Begegnung am 5. September 1815 erzählte der „Malerbruder" Ludwig Emil Grimm in seinen Erinnerungen: *Ich war sehr begierig auf Goethe, den ich noch nie gesehen hatte. Bei Tisch hatte er den obersten Platz zwischen Damen. Savigny stellte mich ihm vorher vor. Es war bei Tisch eine Art feierlicher*

Munterkeit. Es war eine große Tafel; die Familie von Guaita und Senator Thomas waren noch dabei. Eine Stunde nach Tafel sagte der Wilhelm: „Der Goethe wünscht deine Skizzenbücher! Und was du noch von Zeichnungen von Cassel hast, nimm mit!" Wir gingen zu ihm, und da sah ich dann von Kopf bis zu Fuß den berühmten Mann. Er war nicht groß, aber gut proportioniert, hatte einen kleinen Ministerbauch und war schwarz angezogen, reichte uns beiden die Hand und war sehr freundlich, sprach langsam. Wir setzten uns dann alle drei, und er sprach zuerst mit Wilhelm über gelehrte Sachen. Sein Gesicht war von Tisch, wo er dem Johannisberger Eilfer gehörig zugesprochen hatte, ganz rot. Wie er meine Bücher bemerkte, sagte er: „Ah, da bekommen wir auch etwas von der Kunst zu sehen!" – Er betrachtete die Skizzen, Bildnisse und Landschaftsstudien alle und sehr langsam. (…) Bei manchen Skizzen riet er mir an, ein Bild zu malen usw. Aber ich muß gestehen, daß die meisten, die er als die gelungensten nannte, mir am wenigsten gefielen. (…) Einen lebensgroß ausgeführten Kopf unserer schönen Cousine Amalie Burchardi lobte er sehr und sagte sehr ernst: „Ich wüßte zu einer Eva keinen schönern, passendern Kopf!" (…) Mit den Landschaftsstudien war er, was mich sehr wunderte, auch lobend (…). Ich habe Bäume, Baumstämme, Wurzeln, Blätter, Pflanzen ohne irgendeine Manier nachgezeichnet; aber man sah, es war Natur in den Zeichnungen, und das mochte er wohl lobend hervorheben. (…) Er sprach noch lange über Kunst und kam so nach und nach in sein Lieblingsthema, die Mythologie, die mir von jeher zuwider war. Es war aber höchst interessant, ihm zuzuhören, und da konnte man den Glanz und Geist seiner Augen recht erkennen. (Ludwig Emil Grimm: Erinnerungen aus meinem Leben).

DER KAISERSAAL IM RÖMER

Vom 24. bis 26. September 1846 trafen sich über 200 der bedeutendsten Juristen, Historiker und Sprachforscher zur Ersten Germanistenversammlung in Frankfurt am Main. An der Spitze der Konferenz, die im seinerzeit gerade glanzvoll renovierten Kaisersaal des Rathauses Römer tagte, stand Jacob Grimm. Er wurde auf Uhlands Vorschlag zum Vorsitzenden bestimmt und bestieg das Rednerpult, das unter dem Porträt Maximilians I., „des letzten Ritters", in der (damals noch nicht kompletten) Kaisergalerie aufgestellt war. In seiner Eröffnungsrede machte Grimm deutlich, dass Frankfurt nicht zufällig zum Versammlungsort

Der Kaisersaal im Römer:
Unter dem Bildnis Maximilians I. in der Reihe der Kaiser (6.v.li.) stand das
Rednerpult der Ersten Germanistenversammlung.

bestimmt worden war: Die Tradition der alten Reichsstadt als Wahl- und Krönungsstätte der deutschen Könige und Kaiser sah er als *glücklichste Vorbedeutung.* Die jetzige Freie Stadt hatte die Germanisten bei deren Vorhaben großzügig unterstützt und *in ihr Inneres, in ihr edelstes Gemach aufgenommen.* In den prächtigen (und heute vereinfacht wiederaufgebauten) Kaisersaal kamen einst die Kaiser des Heiligen Römischen Reichs Deutscher Nation direkt nach ihrer Krönung im Dom zum Festmahl.

Redefreude

Drei Tage lang konferierten die Gelehrten in Frankfurt. Bei den öffentlichen Sitzungen an den ersten beiden Vormittagen wurden Vorträge zu allgemeinen Fragen gehalten und diskutiert. An den beiden ersten Nachmittagen und am dritten Vormittag traten die einzelnen Abteilungen für Rechts-, Geschichts- und Sprachwissenschaft zu Sondersitzungen zusammen. Zum Abschluss am dritten Nachmittag trugen sie ihre Ergebnisse im Plenum vor. Neben den Verhandlungen gab es ein umfangreiches Begleitprogramm mit Geselligkeit an der Mainlust, Konzerten des Cäcilienvereins und des Liederkranzes sowie einem abschließenden Festessen (mit 26 Ansprachen!) im Gasthaus zum Weidenbusch und einer Abendgesellschaft im Hause von Bethmann.

Im Vordergrund sollte aber natürlich und ausdrücklich der wissenschaftliche Austausch stehen. So stellte Wilhelm Grimm in einer Rede im Plenum am 26. September 1846 erstmals ausführlich das Konzept des *Deutschen Wörterbuchs* einer breiteren Öffentlichkeit vor.

Gründer der „Germanistik"

Durch die Frankfurter Germanistenversammlung wurde der Begriff der Germanistik im heutigen Sinne geprägt. Vorher bezeichnete man einen Wissenschaftler, der sich mit der Geschichte des deutschen Rechts befasste, als „Germanisten" (wie einen Historiker des römischen Rechts als „Romanisten"). Erstmals wurde nun der Name „Germanisten" *auf Forscher des Rechts, der Geschichte und der Sprache* ausgedehnt.

In allen drei Reden, die Jacob Grimm für die Tagung verfasste, widmete er sich der Identitätsbestimmung der „neuen" Germanistik. In seiner bereits erwähnten Eröffnung am 24. September 1846 sprach er über *die wechselseitigen Beziehungen und die Verbindung der drei in der Versammlung vertretenen Wissenschaften.* Am folgenden Tag hielt er eine brillante Rede *über den Werth der ungenauen Wissenschaften*, etwa der *Geschichte, Sprachforschung, selbst Poesie*, in Abgrenzung zu den *genauen* Naturwissenschaften: *Ich darf auch fragen, ob einer unserer Naturforscher Deutschland jemals so aufgebaut hat, wie es Göthe und Schiller thaten?* Für den letzten Tag plante Jacob Grimm eine Rede *über den Namen der Germanisten*, die aus Zeitgründen entfallen musste, aber in der Schriftfassung überliefert ist.

Redefreiheit

„Als diesen Morgen im Saal das Wort *Freiheit* genannt wurde", erinnerte sich der Dichter Ludwig Uhland an eine der Sitzungen, „da ging es ja wie ein Lauffeuer durch die Versammlung, und man meinte, die alten Kaiser wollten aus ihren Rahmen springen." Tatsächlich barg die Frankfurter Tagung allein durch ihre neue Selbstbestimmung der Germanistik als der „deutschen" Wissenschaft ein ungeheuerliches politisches Potential. Schon die (von Jacob und Wilhelm Grimm mitunterzeichnete) Einladung konnte nicht verhehlen, dass der deutschen Rechts-, Sprach- und Geschichtsforschung in dieser Zeit *ein eigenthümlicher vaterländischer Reiz* zukam. Als Vorsitzender musste Jacob

Grimm zwar den rein wissenschaftlichen Charakter der Versammlung betonen. Doch angesichts des Partikularismus im Deutschen Bund konnte es nicht unpolitisch verstanden werden, wenn er als Redner dann coram publico definierte: *[E]in Volk ist der Inbegriff von Menschen, welche dieselbe Sprache reden.*

An oberster Stelle der Tagesordnung stand zudem ein brennend aktuelles Thema, die schleswig-holsteinische Frage, die in den Vorträgen der ersten öffentlichen Sitzung wissenschaftlich erörtert wurde – meist mit eindeutiger Tendenz gegen Dänemark, dessen erhobener Anspruch auf Schleswig als unrechtmäßig anzusehen sei. Darüber hätten die Germanisten dann beinahe doch abgestimmt, was der Heidelberger Jurist Karl Mittermaier beherzt verhinderte – im „Interesse einer Freiheit der Wissenschaft".

Insgesamt ließ die Frankfurter Versammlung keinen Zweifel daran, dass die Germanistik die deutsche Einheit wissenschaftlich begründen wollte. Die zeitgenössische Presse bezeichnete die Tagung schon als ein „Nationalereigniß". Tatsächlich war sie Vorspiel für die erste Deutsche Nationalversammlung, die kaum zwei Jahre später in Frankfurt zusammentrat. Zu deren Abgeordneten zählten mindestens 18 Teilnehmer der früheren Germanistenversammlung, darunter Jacob Grimm.

DIE PAULSKIRCHE

Angesichts der revolutionären Ereignisse in den deutschen Staaten versammelte sich am 31. März 1848 ein „Vorparlament" in Frankfurt am Main, das bereits am 3. April die freien Wahlen zu einer konstituie-

Der Einzug des Vorparlaments in die Paulskirche am 31. März 1848 Holzschnitt von Fritz Bergen aus der „Gartenlaube" (nach einer zeitgenössischen Zeichnung von Jean Nicolas Ventadour), 1898

131

renden Deutschen Nationalversammlung beschloss. Das Vorparlament sollte eigentlich auch im Kaisersaal des Römers tagen, der sich aber als zu klein für die 574 angereisten Politiker erwies. Es siedelte daher in die nahe gelegene Paulskirche über, die dann auch Tagungsort der Nationalversammlung wurde. Die Paulskirche wurde bei den Bombenangriffen auf die Altstadt im März 1944 fast völlig zerstört, doch bereits zur Hundertjahrfeier der Deutschen Nationalversammlung 1948 in zeitgemäß vereinfachter Gestalt wiederaufgebaut. Sie ist seitdem kein Gotteshaus mehr, sondern eine nationale Gedenk- und Tagungsstätte: „das Haus aller Deutschen" (Walter Kolb).

Abgeordneter aller Deutschen

Am 18. Mai 1848 wurde die Deutsche Nationalversammlung in der Paulskirche feierlich eröffnet. Jacob Grimm, der bereits am Vorparlament teilgenommen hatte, wurde als Abgeordneter des 29. Wahlbezirks Essen, Altenessen, Steele, Borbeck, Werden, Kettwig und Mülheim/Ruhr im damaligen Rheinpreußen nachgewählt. So traf er erst fünf Tage später in Frankfurt ein. Ab der sechsten Sitzung am 25. Mai 1848 nahm er an den Verhandlungen des ersten deutschen Parlaments teil.

In der Paulskirche kam ihm der ehrenvolle Platz in der ersten Reihe in der Mitte vor dem Rednerpult zu. Jacob Grimm schloss sich in der Nationalversammlung keiner Partei an, sondern behielt immer das gemeinsame große Ziel vor Augen: die deutsche Einheit in Freiheit. *Ich bin für ein freies, einiges Vaterland unter einem mächtigen König, und gegen alle republikanischen Gelüste*, so hatte er seinen politischen Standpunkt umrissen, als er die Wahl zum Abgeordneten annahm (Jacob Grimm in: Allgemeine Politische Nachrichten, 25.5.1848).

In der Paulskirche trat Jacob Grimm mit vier größeren Reden hervor. In seiner ersten Rede *Über Geschäftsordnung* (9. Sitzung vom 29. Mai 1848) äußerte er sich zu den schier endlosen Debatten über die Organisation des Versammlungsablaufs, indem er, sichtlich entnervt, *die große entschiedene Anlage* der Deutschen *zum Pedantischen* kritisierte. In weiteren Reden sprach er zur Schleswig-Holstein-Frage (15. Sitzung vom 9.6.1848) und *Über Adel und Orden* (52. Sitzung vom 1.8.1848). Seine wichtigste Rede hielt Jacob Grimm *Über Grundrechte*. Für deren Artikel I hatte er den Vorschlag eingebracht: *Das deutsche Volk ist ein Volk von Freien, und deut-*

scher Boden duldet keine Knecht-schaft. Fremde Unfreie, die auf ihm verweilen, macht er frei.* Sein Antrag wurde jedoch am 20. Juli 1848 mit 205 gegen 192 Stimmen abgelehnt.

Nicht zum Aushalten

Während seiner Abgeordnetenzeit in Frankfurt wohnte Jacob Grimm in dem (bereits 1877 abgebrochenen) Landhaus in der Bockenheimer Landstraße 12 (am heutigen **Rothschildpark**), das dem Kaufmann Johann *Peter* Josef Belli und dessen schriftstellernder Frau Marie Belli-Gontard gehörte. *[Ich] habe mir (...),* berichtete er am Tag nach seiner Ankunft dem Bruder, *eine privatwohnung gesucht und sie für 30 gulden monatlich in einem gartenhaus vor dem Bockenheimer thor, neben dem Rothschildischen garten, worin kein burzelbaum steht, gefunden.* (Jacob Grimm an Wilhelm Grimm, 24.5.1848).

Obwohl oder gerade weil Jacob Grimm noch Zeit fand, sein wichtiges Werk *Geschichte der deutschen Sprache* (1848) zu vollenden, war ihm das „Drumherum" bei seinem Aufenthalt in der überfüllten und hektischen Stadt bald lästig. Die Sitzungen in der Paulskirche dehnten sich allmählich über Gebühr aus, oft bis nach halb vier Uhr, so dass er

danach kein oder zumindest kein preiswertes Mittagessen mehr bekam. Die Fürsorge seiner Vermieter fand er aber auch unangenehm, wie er seinem Neffen Herman klagte: *Herr und Me Belli fahren fort mich mit ihrer höflichkeit zu quälen; neulich war ich unwol und hatte die thür verschlossen um meine kopfweh zu verschlafen, da war ihr bange geworden und sie hatte aus freien stücken nach dem doctor geschickt, da werde ich nun aufgeweckt und der verschreibt mir rhabarber, die mir auch den nächsten tag verdarb und doch nichts half.* (Jacob Grimm an Herman Grimm, 11.8.1848). Selbst im Garten konnte er nicht ungestört sein, weil ihm dort seine (vornehmlich weiblichen) Verehrer regelrecht auflauerten. So blieb ihm zunächst nur die Flucht zu langen Spaziergängen vor die Stadt.

Infolge der Zuspitzung in der schleswig-holsteinischen Frage nach dem Waffenstillstand von Malmö (26.8.1848) verliefen auch die Sitzungen in der Paulskirche immer unerfreulicher. Nach erbitterten Debatten stimmte die Nationalversammlung am 16. September dem Waffenstillstand und damit der Abtretung Schleswigs an Dänemark zu. Unter dem Eindruck dieses Eingeständnisses politischer Ohnmacht des Parlaments fasste Jacob Grimm am folgenden Tag, einem freien Sonntag, seinen Entschluss. Er wollte sofort einen dreiwöchigen Urlaub nehmen, um seine Familie zu besuchen, und danach nicht mehr nach Frankfurt zurückkehren. *[I]ch kanns nicht aushalten über den winter noch hier zuzubringen, weil ich im grunde doch zu unbequem und unter den vielen menschen vereinsamt lebe,* vertraute er umgehend Wilhelm an. *[D]ie wintersitzungen in der kirche könnten meiner seit einigen wochen wieder angegriffnen brust übel anschlagen, ich packe also jetzt schon meine sachen zusammen und kehre zurück in die alte ordnung und ruhe des lebens, so gut sie in unsrer zeit möglich ist.* (Jacob Grimm an Wilhelm Grimm, 17.9.1848). Wegen der Wintersitzungen in der ungeheizten Paulskirche hätte er sich allerdings keine Gedanken machen müssen. Die Nationalversammlung wich von November 1848 bis Januar 1849 in die Deutschreformierte Kirche am Kornmarkt aus, während in der Paulskirche eine Akustikdecke, Gasbeleuchtung und Zentralheizung, eine der ersten in Deutschland, eingebaut wurden.

Rückkehr zur Wissenschaft

Noch bevor Jacob Grimm den beabsichtigten Urlaub antreten konnte, überschlugen sich die Ereignisse. Am 18. September 1848, während der nächsten Plenumssitzung nach der Annahme des Waffenstillstands von Malmö, wollte eine wütende Menge die Paulskirche stürmen, was zwar verhindert werden konnte. Aber es kam zu blutigen Straßenkämpfen, in deren Verlauf auch die beiden Abgeordneten Auerswald und Lichnowsky umgebracht wurden. Am 19. September, nachdem der Aufstand durch das Militär niedergeschlagen war, unterrichtete Jacob Grimm gleich den Bruder, dass sich seine Abreise noch *um einige tage* verschiebe, weil die Tore gesperrt seien. Doch der Septemberaufstand bestärkte ihn endgültig in seinem *entschluß aus dieser Paulskirche (...) für immer zu scheiden.*

Wahrscheinlich am 21. September 1848 reiste Jacob Grimm ab. Von Berlin aus schrieb er am 2. Oktober 1848 sein Austrittsgesuch nach Frankfurt: *Ich konnte es nicht unterlassen, meine von der Cholera bedrohten Angehörigen nach viermonatlicher Trennung einmal wiederzusehen. Die Gefahr fand ich Gott sei Dank vermindert, wiewohl noch nicht entfernt. Zugleich habe ich Anlaß genommen, meine eigne Lage ernst zu überlegen, und die mir fühlbar gewordene Abnahme meiner*

Gesundheit läßt bezweifeln, daß sie
den Wintersitzungen in der Paulskirche gewachsen sein werde. Daher
fasse ich, obwohl bewegten Herzens,
den Entschluß, aus der Nationalversammlung auszutreten, und habe
ihn soeben meinem Wahlbezirk eröffnet. Niemand wünscht sehnlicher
als ich, daß es der Nationalversammlung gelinge, ihren hohen Beruf zu
erfüllen.

Tourist-Information
Hauptbahnhof
und Römerberg 27
60311 Frankfurt am Main
Tel. 0 69/21 2-3 88 00
www.frankfurt-tourismus.de

Förderverein Petrihaus e. V.
Am Rödelheimer Wehr 15
60489 Frankfurt am Main
Tel. 0 69/78 07 84 88
www.petrihaus.kulturserver-
hessen.de
www.familie-brentano.de
Geöffnet: von Februar–November
am letzten So des Monats
14–18 Uhr

**Kaisersaal
im Rathaus Römer**
Römerberg (mit Eingang über
das Römerhöfchen an der Seite
zur Limpurgergasse)
60311 Frankfurt am Main
Geöffnet: täglich 10–13 Uhr
und 14–17 Uhr (außer bei
Veranstaltungen)

Paulskirche
Paulsplatz
60311 Frankfurt am Main
Geöffnet: täglich 10–17 Uhr
(außer an Veranstaltungstagen)

Auf Reisen kamen die Brüder Grimm, auch noch während ihrer Berliner Zeit, in und durch zahlreiche weitere Orte im heutigen Hessen. Gerade Wilhelm Grimm, der geselligere der beiden Brüder, der wegen seiner angegriffenen Gesundheit immer wieder zur Kur oder zumindest zur Erholung fahren musste, hat viele stimmungsvolle Reisebriefe aus Hessen geschrieben.

Besonders liebte Wilhelm Grimm den **Rhein**. Seine erste Rheinreise unternahm er, teils zusammen mit dem Bruder Ludwig Emil Grimm und dem Freund Friedrich Carl von Savigny, von Frankfurt aus im September 1815. Auf der Rückfahrt von Köln über Koblenz war er zu Gast bei Franz Brentano in dessen Haus in **Winkel**, bevor er dann nach Heidelberg weiterfuhr und dort Goethe wiederbegegnete. *Der Rhein*, so schwärmte Wilhelm Grimm von dieser Reise, *ist was ganz Wunderbares, das sich nicht beschreiben läßt, aber so ganz zum deutschen Wesen gehört, daß wohl jedem das Herz schlägt, wenn er ihn zum ersten Male sieht und auf seinem smaragdgrünen Wasser hinabfährt.*

Von 1831 bis 1834 weilte Wilhelm Grimm alljährlich zur Kur in **Wiesbaden**. Der Aufenthalt im Juli 1833 verlief trotz des mäßig warmen Wetters besonders glücklich. Wilhelm traf den Senator Gerhard Thomas, den alten Frankfurter Freund, der zufällig auch in Wiesbaden badete. Sie führten *eine halbe Studentenwirtschaft* und unternahmen Ausflüge an den Rhein, etwa nach **Biebrich**, **Hochheim** und **Mainz**: *In der Gegend sind wir umhergezogen, und mir geht immer das Herz auf, wenn ich den Rhein und seine glückseligen Ufer wiedersehe, seine gesegneten Felder, die Bäume, welche Haupt und Arme ordentlich ausstrecken und nicht wie hier* [d. i. in Göttingen] *als verknorzte und krummbeinige Dachshunde auf dem Felde hocken. Einen schönen Nachmittag haben wir auf der Altane des **Johannisberger Schlosses** gesessen, ich glaube ruhiger und vergnügter als der Fürst Metternich selbst, bei einer Flasche seines Cabinetweines, der zwar mit Gold muß bezahlt werden, wogegen aber auch aller andere Wein nur eine Art gutartiger Essig ist.* (Wilhelm Grimm, 17.10.1833). Während Wilhelm *das Bad* bisher *sehr gute Dienste getan* hatte, bekam ihm die Kur in Wiesbaden 1834 gar nicht. Er kam *kränker heim* als vorher, wurde im Oktober dann wieder von seinem alten Herzleiden befallen und konnte monatelang nicht arbeiten. Nach

dieser Erfahrung suchte er Wiesbaden nicht mehr auf.

Statt dessen probierte Wilhelm Grimm es später mit einer Kur in **Bad Soden am Taunus**, wo er sich zusammen mit seinem Sohn Herman vom 20. Juli bis 25. August 1855 erholte. Einen Aufenthalt dort konnte er seinen Freunden nur empfehlen: *Es gibt dort recht hübsche Privatwohnungen, kleine, reinliche Häuser, die für eine Familie allein eingerichtet sind. Ich würde Ihnen raten, ein solches Haus gleich vorne vor den Wiesen zu nehmen, wo sich ein angenehmer Weg herzieht, der auch nach einem Regen gleich wieder trocken ist.*

Ich bin da oft gegangen, denn nicht weit von dem einen Ende liegt der Frankfurter Hof, wo ich gewohnt habe. Es steht auf dem Weg auch ein schöner Nußbaum mit einer Bank darunter, die mein Ruheplatz war. Auch der Park am Kurhaus ist angenehm und liegt schon etwas höher. (...) Ich bin gerne eine kleine Anhöhe rechts hinaufgestiegen, wo sich der **Feldberg** *so prächtig erhebt, zumal gegen Abend, wenn er im Duft liegt. Auch über die Wiesen, die hinter dem Champagnerbrunnen liegen, bin ich oft gegangen, es war da still und friedlich, und der Weizen neigte seine schweren Aehren herab. Nach* **Königstein** *müßten Sie auch einmal*

Der Frankfurter Hof in Bad Soden

*fahren, da wechseln die Aussichten
und sind immer anmutig.* (Wilhelm
Grimm an Anna von Arnswaldt geb.
von Haxthausen, 2.3.1856).

Bei vielen anderen Anlässen und
Gelegenheiten waren Jacob und
Wilhelm Grimm noch unterwegs
im Hessenland. Sie besuchten Ver-
wandte wohl in **Hochstadt**, **Wa-
chenbuchen**, **Gelnhausen** und **Birstein**, fuhren zu Freunden etwa
nach **Fulda** und **Fritzlar**, auf Gut
Glimmerode bei **Hessisch Lichtenau** und auf Schloss Escheberg
in **Zierenberg**, streiften vielleicht
manche Orte wie **Büdingen**, **Gießen**, **Wolfhagen** und **Arolsen** nur
auf der Durchreise. Dort überall
und anderswo in Hessen könnten
weitere authentische Grimmstätten
verborgen sein, die es (wieder) zu
entdecken gilt. Und wenn sie nicht
verschwunden sind, so gibt es sie
noch heute.

Brentanohaus
Am Lindenplatz 2
65375 Oestrich-Winkel
Tel. 0 67 23/20 68
www.brentano.de
Die Besichtigung ist zu
bestimmten Terminen und nach
vorheriger Anmeldung möglich.

Tourist-Information
Marktstraße 6
65183 Wiesbaden
Tel. 06 11/17 29-8 30
www.wiesbaden.de

Stadt Bad Soden am Taunus
Königsteiner Straße 73
65812 Bad Soden am Taunus
Tel. 0 61 96/20 8-0 oder -5 55
www.bad-soden.de

08 | EPILOG

Während ihrer Berliner Jahre stellten die Brüder Grimm die Arbeit am *Deutschen Wörterbuch* in den Mittelpunkt ihres Schaffens. Wilhelm Grimm starb am 16. Dezember 1859. Jacob Grimm erlag am 20. September 1863 den Folgen zweier Schlaganfälle. Die Brüder sind Seite an Seite auf dem Matthäikirchhof in Berlin begraben.

4.1.	**1785**	Jacob Grimm (JG) in Hanau geboren
24.2.	**1786**	Wilhelm Grimm (WG) in Hanau geboren
24.4.	**1787**	Geburt des Bruders Carl
18.12.	**1788**	Geburt des Bruders Ferdinand
14.3.	**1790**	Geburt des Bruders Ludwig Emil
Jan.	**1791**	Übersiedlung nach Steinau an der Straße
10.3.	**1793**	Geburt der Schwester Lotte
10.1.	**1796**	Tod des Vaters Philipp Wilhelm Grimm
seit Okt.	**1798**	Besuch des Lyceums Fridericianum in Kassel
seit Apr.	**1802**	Jurastudium von JG in Marburg
seit Apr.	**1803**	Jurastudium von WG in Marburg
seit Jan.	**1805**	(bis Sept. 1805) Forschungsaufenthalt von JG bei Savigny in Paris
16.10.	**1805**	Wiedervereinigung der Familie in Kassel
24.1.	**1806**	(bis Ende 1806) Anstellung von JG beim Kurfürstlichen Kriegskollegium
21.5.	**1806**	Juristisches Examen von WG in Marburg
	1807	Erste Veröffentlichungen
27.5.	**1808**	Tod der Mutter Dorothea Grimm geb. Zimmer
5.7.	**1808**	Anstellung von JG in der Privatbibliothek des westphälischen Königs Jérôme Bonaparte
17.2.	**1809**	Ernennung von JG zum Staatsratsauditor
12.12.	**1809**	Erste Begegnung von WG mit Goethe in Weimar
	1811	Erste Buchveröffentlichungen: *Über den altdeutschen Meistergesang* von JG, *Altdänische Heldenlieder* von WG
	1812	*Die beiden ältesten Gedichte aus dem achten Jahrhundert: Das Lied von Hildebrand und Hadubrand und das Weißenbrunner Gebet*, Erster Band der *Kinder- und Hausmärchen*
23.12.	**1813**	(bis Ende 1815) Anstellung von JG als kurhessischer Legationssekretär
seit Dez.	**1813**	(bis Juli 1814) Reise von JG im Gefolge der alliierten Truppen nach Paris

15.2.	**1814**	(bis Nov. 1829) Anstellung von WG als Sekretär an der Kurfürstlichen Bibliothek in Kassel
seit Sept.	**1814**	(bis Juli 1815) JG beim Wiener Kongress
15.4.	**1815**	Tod der Tante Henriette Zimmer
5.9.	**1815**	Erneute Begegnung von WG mit Goethe in Frankfurt, anschl. Rheinreise von WG
seit Sept.	**1815**	(bis Dez. 1815) JG in Paris
	1815	Zweiter Band der *Kinder- und Hausmärchen*
1.5.	**1816**	(bis Nov. 1829) Anstellung von JG als Zweiter Bibliothekar an der Kurfürstlichen Bibliothek in Kassel
Mai	**1816**	Erster Band der *Deutschen Sagen*
Ostern	**1818**	Zweiter Band der *Deutschen Sagen*
13.1.	**1819**	Ehrendoktorat der Universität Marburg
	1819	Erster Band der *Deutschen Grammatik* von JG
	1821	*Über deutsche Runen* von WG
2.7.	**1822**	Heirat der Schwester Lotte mit Ludwig Hassenpflug
	1822	Neubearb. erster Band der *Deutschen Grammatik* von JG
15.5.	**1825**	Heirat von WG mit Dorothea Wild
	1825	Kleine Ausgabe der *Kinder- und Hausmärchen*
3.4.	**1826**	Geburt von WGs Sohn Jacob
15.12.	**1826**	Tod von WGs Sohn Jacob
	1826	Zweiter Band der *Deutschen Grammatik* von JG
6.1.	**1828**	Geburt von WGs Sohn Herman
	1828	*Deutsche Rechtsaltertümer* von JG, *Graf Rudolf* von WG
	1829	*Die deutsche Heldensage* von WG
27.12.	**1829**	Umzug nach Göttingen
1.1.	**1830**	Arbeitsbeginn von JG als Zweiter Bibliothekar und ordentlicher Professor der Philosophie, von WG als Unterbibliothekar in Göttingen
31.3.	**1830**	Geburt von WGs Sohn Rudolf
	1830	Faksimileausgabe des *Hildebrandslieds* von WG
19.2.	**1831**	Ernennung von WG zum außerordentlichen Professor der Philosophie in Göttingen

	1831	Dritter Band der *Deutschen Grammatik* von JG
21.8.	1832	Geburt von WGs Tochter Auguste
15.6.	1833	Tod der Schwester Lotte
Juni	1835	Ernennung von WG zum ordentlichen Professor der Philosophie in Göttingen
	1835	*Deutsche Mythologie* von JG
11.12.	1837	Entlassung nach dem Protest der „Göttinger Sieben"
17.12.	1837	JGs Ausweisung aus dem Königreich Hannover und Rückkehr nach Kassel
	1837	Vierter Band der *Deutschen Grammatik* von JG
April	1838	Beginn der Vorarbeiten für das *Deutsche Wörterbuch*
Okt.	1838	Rückkehr von WG mit Familie nach Kassel
	1838	*Rolandslied* von WG
	1839	*Werner vom Niederrhein* von WG
8.11.	1840	Berufung nach Berlin
	1840	Bände 1 und 2 der *Weistümer* von JG
14.3.	1841	Umzug nach Berlin
	1842	Auszeichnung von JG mit dem Orden Pour le mérite
	1842	Band 3 der *Weistümer* von JG
6.1.	1845	Tod des Bruders Ferdinand Grimm
24.–26.9.	1846	Teilnahme an der Ersten Germanistenversammlung in Frankfurt (unter Vorsitz von JG)
	1846	*Athis und Prophilias* von WG
27.–30.9.	1847	Teilnahme an der Zweiten Germanistenversammlung in Lübeck (unter Vorsitz von JG)
seit 23.5.	1848	(bis 21.9.1848) JG als Abgeordneter der Deutschen Nationalversammlung in Frankfurt
	1848	*Geschichte der deutschen Sprache* von JG, *Exhortatio (...). Glossae Cassellanae. Über die Bedeutung der deutschen Fingernamen* von WG
	1851	*Über den Ursprung der Sprache* von JG, *Zur Geschichte des Reims* von WG
25.5.	1852	Tod des Bruders Carl Grimm
	1852	Erste Lieferung des *Deutschen Wörterbuchs*
	1854	Erster Band des *Deutschen Wörterbuchs*

24.10.	**1859**	Heirat von Herman Grimm und Gisela v. Arnim
16.12.	**1859**	Wilhelm Grimm in Berlin gestorben
	1860	Zweiter Band des *Deutschen Wörterbuchs*
	1862	Dritter Band des *Deutschen Wörterbuchs*
	1863	Band 4 der *Weistümer* von JG
4.4.	**1863**	Tod des „Malerbruders" Ludwig Emil Grimm
20.9.	**1863**	Jacob Grimm in Berlin gestorben

Ausstellungskataloge / im Auftrag der Veranstaltungsgesellschaft **200 Jahre Brüder Grimm** hg. Drei Bde. Kassel: Weber & Weidemeyer 1985.

Bimmer, Andreas C./**Oberfeld**, Charlotte (Hg.): Hessen – Märchenland der Brüder Grimm. Kassel: Röth 1984. (Veröffentlichungen der Europäischen Märchengesellschaft, Bd. 5).

Boehncke, Heiner/**Sarkowicz**, Hans: Literaturland Hessen. Frankfurt am Main: Societäts-Verlag 2005.

Brüder Grimm Gedenken (BGG) 1963. Gedenkschrift zur hundertsten Wiederkehr des Todestages von Jacob Grimm. Hg. v. Ludwig Denecke und Ina-Maria Greverus. Marburg: Elwert 1963. (Zugleich erschienen als: Hessische Blätter für Volkskunde 54).

Denecke, Ludwig: Jacob Grimm und sein Bruder Wilhelm. Stuttgart: Metzler 1971. (Sammlung Metzler, Realienbücher für Germanisten, Abt. D: Literaturgeschichte, M 100).

Gerstner, Hermann: Brüder Grimm / mit Selbstzeugnissen und Bilddokumenten dargestellt (...).

30.–32. Tsd. Reinbek: Rowohlt 1987. (rowohlts monographien 201).

Grieser, Dietmar: Mit den Brüdern Grimm durch Hessen. Ein literarischer Lokalaugenschein zum 200. Geburtstag von Jacob, Wilhelm und Ludwig Emil Grimm. Frankfurt am Main: Insel Verlag 1985. (Die Hessen-Bibliothek im Insel Verlag).

Grimm, Jacob: Selbstbiographie. Ausgewählte Schriften, Reden und Abhandlungen. Hg. v. Ulrich Wyss. München: Deutscher Taschenbuch Verlag 1984. (dtv 2139).

Grimm, Brüder [Jacob und Wilhelm]: Kinder- und Hausmärchen. Jubiläumsausgabe zum 200. Geburtstag der Brüder Grimm 1985/86. Ausgabe letzter Hand mit den Originalanmerkungen der Brüder Grimm. Hg. v. Heinz Rölleke. 3 Bde. Stuttgart: Reclam 1984. (Reclams Universal-Bibliothek).

Grimm, Ludwig Emil: Erinnerungen aus meinem Leben. Hg. v. Adolf Stoll. 7.–10. Tsd. (Neu durchgesehene und vermehrte Ausgabe.) Leipzig: Hesse & Becker 1913.

Grimm, Wilhelm: Selbstbiographie. Erstmals in: Karl Wilhelm Justi (Hg.): Grundlage zu einer Hessi-

schen Gelehrten-, Schriftsteller- und Künstler-Geschichte (...). Bd. 19. Marburg 1831. S. 164–183 u. S. 832. Vgl. auch Bd. 20. Kassel 1863. S. 301–305.

Heidenreich, Bernd/**Grothe**, Ewald (Hg.): Kultur und Politik – Die Grimms. Frankfurt am Main: Societäts-Verlag 2003.

Hock, Sabine: Die Bedeutung Hessens und der Hessen in der Germanistik bis 1848. Magisterarbeit. Frankfurt am Main 1989.

Lauer, Bernhard: Die Brüder Grimm – Leben und Wirken. Kassel: Brüder Grimm-Museum 2005.

Lauer, Bernhard: Brüder Grimm-Stätten heute. Authentische Orte, alte und neue Mythen. In: Jahrbuch der Brüder Grimm-Gesellschaft, Bd. XIII/XIV (2003/04), S. 7–54.

Literaturland Hessen: Der Norden. Hg. vom ADAC Hessen-Thüringen e. V. und Hessischen Rundfunk. Mit Texten von Marlene Breuer, Karoline Sinur und Hilde Weeg. Frankfurt am Main 2005.

Metz-Becker, Marita: Marburg um 1800. Eine kleine Kulturgeschichte zu Fuß. Marburg: Elwert 2004.

Metzner, Ernst Erich: Geburt der Germanistik aus dem Geist der Demokratie. Vor 150 Jahren Erste Germanistenversammlung in Frankfurt. In: Forschung Frankfurt 14 (1996), H. 3, S. 38–52; vgl. auch S. 54–61 u. 80.

Praesent, Wilhelm: Märchenhaus des deutschen Volkes. Aus der Kinderzeit der Brüder Grimm. Kassel: Bärenreiter 1957. (Veröffentlichung der Brüder-Grimm-Gesellschaft).

Savigny, Gunda von: Hof Trages. Chronik der Familie von Savigny. 2. Aufl. Hanau: CoCon Verlag 1999.

Schaffer, Richard: Die Geschichte des Nationaldenkmals der Brüder Grimm. Katalog zur Ausstellung des Historischen Museums Hanau. Hanau [1985].

Schede, Hans-Georg: Die Brüder Grimm. München: Deutscher Taschenbuch Verlag 2004. (dtv portrait 31076).

Schindehütte, Albert (Hg.): Die Grimm'schen Märchen der jungen Marie. Es geht dabei um das runde Dutzend Märchen, welches die Demoiselle Marie Hassenpflug – und nicht die sogenannte „Alte Marie" – den Brüdern Grimm vermittelt hat.

145

Mit Beiträgen von Heinz Rölleke und Heinz Vonjahr. Marburg: Hitzeroth 1991.

Schindehütte, Albert (Hg.): Krauses Grimm'sche Märchen. Es handelt sich dabei um das halbe Dutzend Märchen, welches die Brüder Grimm gegen abgelegte Beinkleider von dem verabschiedeten Dragonerwachtmeister Johann Friedrich Krause eintauschten. Revidierte und um eine Trouvaille erweiterte Neuaufl. Marburg: Hitzeroth 1991.

Schoof, Wilhelm: Aus der Jugendzeit der Brüder Grimm (nach ungedruckten Briefen). Zum 150. Geburtstag Jacob Grimms (4. Januar 1935) (...). In: Hanauisches Magazin 13 (1934), H. 11/12, S. 81–96 und 14 (1935), H. 1/2, S. 1–15.

Schoof, Wilhelm: Wilhelm Grimms Reise nach dem Kinzigtal im Jahre 1841. Nach ungedruckten Briefen von Dorothea und Marie Grimm (...). In: Hanauisches Magazin 16 (1937), H. 11/12, S. 81–96 und 17 (1938), H. 5/6, S. 40–44.

Schultz, Hartwig: Die Frankfurter Brentanos. Stuttgart/München: Deutsche Verlags-Anstalt 2001.

Verhandlungen der Germanisten zu Frankfurt am Main am 24., 25. und 26. September 1846. Frankfurt am Main: Sauerländer 1847.

Weishaupt, Jürgen: Die Märchenbrüder. Jacob und Wilhelm Grimm – ihr Leben und Wirken. Kassel: Thiele & Schwarz 1985.

Woischke, Dieter: Marburg. Die Märchenstadt an der Lahn. Marburger Märchenroute nach Motiven von Otto Ubbelohde. Cölbe-Schönstadt: Burgwald 2000.

www.grimmnetz.de
www.grimms.de

Alle Zitate im Buch wurden in der Schreibweise übernommen, wie sie in der benutzten Literatur vorgefunden wurden, weshalb es im Text gelegentlich zum Wechsel zwischen der üblichen Groß- und Kleinschreibung und der von Jacob Grimm bevorzugten Kleinschreibung sowie zwischen verschiedenen Rechtschreibnormen kommt.

Bildstelle Hanau 11

Brüder Grimm-Museum, Kassel – © 2007 by BGG – All rights reserved. – 83, 86, 92, 96, 116, 120

Edition „10.000 Ansichtskarten / Deutschland um 1900 im Bild", CD 6, Nr. 5.389 – © The Yorck Project, Gesellschaft für Bildarchivierung mbH, Berlin 2001 – 74

Andrea Enk 21, 68

Wolfgang Faust 10, 16, 27, 29, 33, 35, 40, 43, 44, 50, 52, 54, 59, 61, 65, 80, 85, 91, 94, 95, 100, 102, 103, 110, 114, 123, 124, 127, 129, 137

Historisches Museum Hanau, Schloss Philippsruhe, und Hanauer Geschichtsverein 1844 e. V. 19, 26, 82, 112

Jochen Horn 109

Institut für Stadtgeschichte, Frankfurt am Main 122, 131

Kartographie Peh/Schefcik, Eppelheim , Hessenkarte 9

Manfred Keil 70

Rainer Kieselbach 56

Ernst Koch: Prinz Rosa-Stramin. Marburg 1965. 111

Ilona Neumann 24

Otto Ubbelohde-Stiftung 62

Dr. Lotte Roth 72

Gunda von Savigny: Hof Trages. Chronik der Familie von Savigny. 2. Aufl. Hanau 1999. 69

Schauenburger Märchenwache 101

Reiner Scholz 105

Stadt Kassel 51

Stadtarchiv Kassel 88

Stadtmuseum Kassel 46

Verwaltung der Staatlichen Schlösser und Gärten (VSSG) Hessen 12 (Foto: Kaemmerling), 13 (Foto: Kaemmerling), 22 (Foto: VSSG)

Dieter Woischke: Marburg. Die Märchenstadt an der Lahn. Marburger Märchenroute nach Motiven von Otto Ubbelohde. Cölbe-Schönstadt 2000. 67

Dr. Rainer Zuch 66